William Wrede

Über Aufgabe und Methode der sogenannten neutestamentlichen Theologie

William Wrede

Über Aufgabe und Methode der sogenannten neutestamentlichen Theologie

Fromm Verlag

Impressum/Imprint (nur für Deutschland/ only for Germany)
Bibliografische Information der Deutschen Nationalbibliothek: Die Deutsche Nationalbibliothek verzeichnet diese Publikation in der Deutschen Nationalbibliografie; detaillierte bibliografische Daten sind im Internet über http://dnb.d-nb.de abrufbar.

Verlag: Der Fromm Verlag ist ein Imprint der
VDM Publishing House Ltd.,17 Rue Meldrum, Beau Bassin,1713-01 Mauritius
Website: www.frommverlag.de
Email: info@frommverlag.de

Gedruckt in USA, UK, Deutschland. Dieses Buch wurde nicht in Mauritius produziert

ISBN: 978-3-8416-0032-5

Imprint (only for USA, GB)
Bibliographic information published by the Deutsche Nationalbibliothek: The Deutsche Nationalbibliothek lists this publication in the Deutsche Nationalbibliografie; detailed bibliographic data are available in the Internet at http://dnb.d-nb.de.

Publisher:
Fromm Verlag is an imprint of the publishing house
VDM Publishing House Ltd.,17 Rue Meldrum, Beau Bassin,1713-01 Mauritius
Website: www.frommverlag.de
Email: info@frommverlag.de

Printed in the U.S.A.
Printed in the U.K. by (see last page)
ISBN: 978-3-8416-0032-5

Über

Aufgabe und Methode

der

sogenannten

Neutestamentlichen Theologie.

Von

D. **W. Wrede,**

o. Professor der ev. Theologie zu Breslau.

Meiner Frau

gewidmet.

Vorwort.

Am 21.—23. April d. J. veranstaltete die Breslauer theologische Fakultät einen Ferienkursus für Geistliche. Die folgenden Blätter enthalten die Vorträge, die ich aus diesem Anlass gehalten habe. Ich habe manche der damaligen Ausführungen ergänzt oder modifiziert: in der Hauptsache deckt sich das hier Gebotene nach Inhalt und Form mit dem Vorgetragenen. Hinzugekommen sind die Anmerkungen.

Ich bitte bei der Beurteilung des Schriftchens diese Art seiner Entstehung nicht ganz zu übersehen. Die Spuren dieser Entstehung trägt es ja an sich. Die vielen Anmerkungen z. B. — für die Sache sind es, wie ich hoffe, nicht zu viele, eher vielleicht noch zu wenige — sind nach meinem eignen Geschmacke ein Mangel der Form. Um ihren Inhalt der Darstellung selbst einzufügen, hätte ich aber die ursprüngliche Gestalt der Ausführung ganz zerschlagen müssen; dazu entschloss ich mich ungern.

Dass ich meine Auffassung besonders gegen diejenige abgegrenzt habe, die das neuste Lehrbuch der neutestamentlichen Theologie repräsentiert, wird durch die Bedeutung seines Verfassers, andrerseits durch die nähere Verwandtschaft meiner kritischen Anschauungen mit den seinen gerechtfertigt. Man wolle aber doch die betreffenden Ausführungen nicht so verstehen, als hätte ich nebenbei eine förmliche Rezension des Holtzmannschen Buches schreiben wollen. Selbst in den hier interessierenden Beziehungen wollte ich keineswegs Erschöpfendes sagen.

Den Lehrbüchern von B. Weiss und Beyschlag gegenüber habe ich mich entschieden ablehnend verhalten müssen. Dass damit Verdienste, die sich diese Männer auf andern Gebieten erworben haben, in keiner Weise geschmälert sind, versteht sich zwar völlig von selbst, soll hier aber gleichwohl noch ausdrücklich gesagt sein.

Bei der Ausarbeitung habe ich oft mit besonderer Dankbarkeit meines Freundes A. Eichhorn in Halle gedacht, und, obwohl der Anlass manchem zu geringfügig scheinen mag, ist es mir doch eine Pflicht, hervorzuheben, dass ich in Bezug auf historische Methode durch die Gespräche mit ihm am meisten gelernt habe. Hat dabei die spezielle Frage, wie eine neutestamentliche Theologie zu schreiben sei, auch keine Rolle gespielt, so bin ich mir doch klar darüber, dass ohne seinen Einfluss manches in dieser Schrift überhaupt nicht, manches anders gesagt worden wäre; an gewissen einzelnen Punkten habe ich mich direkt bestimmter Anregungen erinnert.

Zum Schlusse mag es erlaubt sein, aus den einleitenden Worten, mit denen ich — als erster Vortragender — den Ferienkursus eröffnete, folgende hierherzusetzen:

Niemand wird annehmen, dass die weitgehende Spannung zwischen dem geistlichen Amte und der Theologie der Universitäten, die zur Signatur der Gegenwart gehört, und die gewiss nicht blos auf die Untugenden der Personen, etwa auf Parteileidenschaft und Herrschsucht hüben, menschlichen Fürwitz und Unglauben drüben zurückgeführt werden darf, die vielmehr kraft einer tiefer liegenden geschichtlichen Notwendigkeit, nämlich einer innern Schwierigkeit im Verhältnisse der evangelischen Kirche zur Wissenschaft besteht — niemand wird annehmen, dass diese Spannung durch Ferienkurse beseitigt oder auch nur ernstlich gemildert werden könnte. Aber wenn innerhalb dieser gespannten Lage eine so unmittelbare und lebendige Berührung zwischen den Vertretern des Amtes und den Vertretern der Wissenschaft stattfindet, wie sie ein Ferienkurs mit sich bringt, so werden das doch alle die mit Freuden begrüssen, die auf beiden Seiten von der Aufgabe des Pfarramtes hoch denken und von der Wissenschaft nicht gering, und die auf beiden Seiten die jetzige Schärfe der Spannung beklagen.

Breslau, 21. Juni 1897.

W. Wrede.

Jedermann weiss, dass die Entstehung und wachsende Ausbildung der biblischen und speziell der neutestamentlichen Theologie zu den wichtigsten Charakterzügen des letzten theologischen Jahrhunderts gehört. Jedermann weiss auch, wie tief die neutestamentliche Theologie eingreift in die zentralen Probleme der gegenwärtigen Theologie. Viel einschneidender noch als die historisch-kritische Arbeit an den neutestamentlichen Urkunden, mit der sie übrigens seit Strauss und Baur ja eng verflochten ist. Denn die neutestamentliche Theologie entscheidet die Frage nach dem Wesen und Werden des ursprünglichen Christentums.

So darf eine Untersuchung über die Aufgabe und Methode dieser Disziplin wohl auf ein allgemeineres Interesse rechnen, wofern sie nur nicht lediglich im Abstrakten und Formalen stecken bleibt.

1.

Man kann zweifeln, ob die Theologie des Neuen Testaments seit dem Jahre 1787, d. h. seit Gablers programmatischer Rede »de iusto discrimine theologiae biblicae et dogmaticae regundisque recte utriusque finibus« sich rasch oder langsam entwickelt hat. Man kann nicht zweifeln, dass die Entwicklung grosse allgemeine Fortschritte gebracht hat.

Man erkennt das daran, dass so vieles selbstverständlich geworden ist, was es einst nicht war. Selbstverständlich war es einst nicht einmal, Altes und Neues Testament zu sondern; heute ist es nicht blos selbstverständlich, die Lehre Jesu wieder von der apostolischen Lehre zu trennen, sondern auch in dieser verschiedene Anschauungskreise zu unterscheiden. Selbstverständlich ist es, irgendwie eine geschichtliche Entwicklung in den neutestamentlichen Gedanken zur Anschauung zu bringen, selbstverständlich auch das Streben, diese Gedanken nicht nach einem den biblischen Schriftstellern fremden dogmatischen Schema, sondern nach ihren eigenen Gesichtspunkten darzustellen.

Kann es ebenso selbstverständlich[1]) heissen, dass die neutestamentliche Theologie als eine rein geschichtliche Disziplin betrachtet und betrieben wird? Formell und der Theorie nach darf man das für sehr weite Kreise[2]) bejahen. Sieht man auf die Sache, so wird man anderer Meinung sein. Solange man der neutestamentlichen Theologie eine direkte Zweckbeziehung auf die Dogmatik giebt, von ihr das Gedankenmaterial erwartet, das die Dogmatik verarbeiten müsse — und das ist eine Durchschnittsanschauung —, so lange wird es natürlich sein, dass man bei der biblisch-theologischen Arbeit auf die Dogmatik hinschielt, Antwort auf Fragen der Dogmatik erpresst, auf die die biblischen Urkunden eine Antwort gutwillig nicht geben, und Ergebnisse, die der Dogmatik unbequem sein würden, zu eliminieren trachtet. Und solange man den Schriften, die den Stoff liefern, ausser ihrem urkundlichen Charakter noch bestimmte dogmatische Prädikate beilegt wie z. B. »normativ«, so lange entspricht es ebenfalls allen psychologischen Gesetzen, dass man Gedanken im Neuen Testamente, die gegen die Erwartung sind, bearbeiten und zurecht legen wird, bis sie mit jenen Prädikaten sich vertragen. Bei solchen Voraussetzungen darf eben mancherlei, wie z. B. ernsthafte Widersprüche, im Neuen Testamente einfach nicht vorkommen.

Ich beabsichtige nicht, mich lange bei dieser Prinzipienfrage aufzuhalten, aber ich muss gleich anfangs aussprechen, dass ich bei meinen Ausführungen den streng geschichtlichen Charakter der neutestamentlichen Theologie voraussetze.

Die alte Inspirationslehre ist von der Wissenschaft, grossenteils auch der »rechts« stehenden, als unhaltbar erkannt worden.

---

1) Wie Deissmann meint, »Zur Methode der bibl. Theol. des N. Testaments«, Zeitschr. für Theologie und Kirche III (1893), 126.

2) Vgl. z. B. B. Weiss, Lehrb. der bibl. Theol. des N. Testaments [5] 2. Beyschlag, Neutestam. Theol. [2] I, 4 redet von einer »wesentlich historischen Disziplin«. Was ist »wesentlich historisch«?

Ein Mittelding zwischen inspirierten Schriften und geschichtlichen Dokumenten kann es für folgerichtiges Denken nicht geben, trotzdem es ja an mancherlei halben, Einviertel- und Dreiviertel-Inspirationslehren nicht fehlt. Aus gegebenen Urkunden will die biblische Theologie einen Thatbestand erheben, wenn nicht einen äussern, so doch einen geistigen: sie sucht ihn so objectiv, so richtig, so scharf als möglich aufzufassen — das ist alles. Wie sich der Systematiker mit ihren Resultaten abfindet und auseinandersetzt, das ist seine Sache. Sie selbst hat wie jede andere wirkliche Wissenschaft ihren Zweck lediglich in sich selbst und verhält sich durchaus spröde gegen jedes Dogma und jede systematische Theologie[1]). Was

---

1) Nach Beyschlag bildet »die Überzeugung vom Offenbarungscharakter der biblischen Religion« (I, 4) die Voraussetzung der biblischen Theologie, »von deren Annahme die Behandlungsweise derselben nicht abhängt« (5). Einfacher ausgedrückt heisst das: sie bildet nicht ihre Voraussetzung. — B. Weiss schreibt (3): »Die NTliche Theologie muss diesen normativen Charakter der NTlichen Schriften als durch die [welche?] Dogmatik erwiesen voraussetzen, wenn sie nicht das Recht einer selbständigen Disziplin neben der Dogmengeschichte aufgeben will.« Das heisst leider, die fragliche Sache selbst zur Basis des Beweises nehmen. Dass man die biblische Theologie ohne jene Voraussetzung nicht als die Vorgeschichte oder meinethalben die erste Periode der Dogmengeschichte formell gesondert behandeln könne, will Weiss natürlich nicht sagen. Dass man sie in anderm Sinne als »selbständige Disziplin« behandeln müsse, schliesst bereits die Voraussetzung vom normativen Charakter der Schriften ein, d. h. das, was eben zu begründen wäre. — Wer, wie doch auch Weiss und Beyschlag thun, die Inspirationslehre d. h. den aprioristischen Offenbarungsbegriff aufgiebt, kann das Verhältnis der biblischen Theologie zum Begriff der Offenbarung logischer Weise nur folgendermassen bestimmen. Die biblische Theologie erforscht zunächst ohne Voraussetzungen über die Schriften des Neuen Testaments den Inhalt der biblischen Religion. Über das von ihr Gefundene wird dann nachträglich das Urteil gefällt: es ist in dem und dem Sinne Offenbarung, bezw. dies Urteil wird erwiesen. Denn ehe ich etwas Offenbarung nennen kann, muss ich wissen, was dies »etwas« ist. Aber offenbar geht eben darum die Frage nach der Offenbarung lediglich die Dogmatik und nicht die biblische Theologie an. — Für diejenigen Theologen, die die Offenbarung nicht in dem religiösen Gedankengehalte von Schriften, sondern in der geschichtlichen Person Jesu erkennen (Ritschls Schule), gilt natürlich ganz Analoges.

könnte ihr diese auch bieten? Die Thatsachen richtig sehen lehren? Nicht sehen lehren, sondern höchstens färben. Die gefundenen Thatsachen korrigieren? Thatsachen korrigieren ist absurd. Oder sie legitimieren? Thatsachen bedürfen keiner Legitimation.

Von jedem, der sich mit neutestamentlicher Theologie wissenschaftlich befassen will, muss bei dieser Sachlage zuerst verlangt werden, dass er des Interesses an historischer Forschung fähig sei. Ein reines, uninteressiertes Erkenntnisinteresse, das jedes sich wirklich aufdrängende Ergebnis annimmt, muss ihn leiten. Er muss im Stande sein, eigenes Denken von fremdem, moderne Gedanken von solchen der Vergangenheit zu unterscheiden, er muss vom Objecte der Forschung die eigene, ihm noch so teure Anschauung gänzlich fernzuhalten, sie gewissermassen zu suspendieren vermögen. Denn er will ja nur erkennen, was wirklich gewesen ist.

Man sagt vielleicht, bei dieser Auffassung büsse die neutestamentliche Theologie ganz den besondern theologischen Charakter ein. Sie unterscheide sich in der Behandlung durch nichts mehr von irgend einem Zweige der Geistesgeschichte überhaupt, der Religionsgeschichte im Besondern. Dies ist auch ganz richtig. Worin sollte aber auch die besondere theologische Art der Behandlung hier bestehen? Es käme immer nur darauf hinaus, dass sich die persönliche theologische Anschauung des Forschers einmischte, d. h. gerade ein trübendes Element. Oder kann eine spezifisch theologische Auffassung der Disziplin etwa eine Erkenntnis verbürgen, die die Erkenntnis der historischen Thatsache, dass dies und das von den Männern des Neuen Testaments gelehrt und geglaubt worden ist, noch irgendwie überböte, ihr noch etwas an Thatsächlichkeit zusetzte? So wenig als die rein geschichtliche Auffassung der Disziplin dazu führt, einem wirklich tiefen religiösen Gedanken, einer erhabenen sittlichen Anschauung des Neuen Testaments von ihrer Tiefe und Erhabenheit etwas zu entziehen. Man fordere doch auch für die Exegese, für die Dogmen- und Kirchengeschichte noch ein besonderes theologisches Etwas, wenn man meint, dass erst dadurch die neutestamentliche Theologie zu einer theologischen Disziplin werde.

Sind die neutestamentlichen Schriften im Verlaufe einer Geschichte entstanden und die Zeugen und Urkunden dieser Geschichte, so stellt sich uns sogleich die Frage: weshalb unsere Disziplin gerade mit diesen und nur mit diesen Schriften zu thun hat. Die Antwort lautet: weil sie allein zum Kanon gehören. Aber diese Antwort befriedigt nicht. Wo man die Inspirationslehre streicht, kann auch der dogmatische Begriff des Kanons nicht aufrecht erhalten werden.

Keine Schrift des Neuen Testaments ist mit dem Prädikate »kanonisch« geboren. Der Satz: »eine Schrift ist kanonisch« bedeutet zunächst nur: sie ist nachträglich von den massgebenden Faktoren der Kirche des 2. bis 4. Jahrhunderts — vielleicht erst nach allerlei Schwankungen im Urteil — für kanonisch erklärt worden. Darüber belehrt die Kanonsgeschichte hinreichend.

Wer also den Begriff des Kanons als feststehend betrachtet, unterwirft sich damit der Autorität der Bischöfe und Theologen jener Jahrhunderte. Wer diese Autorität in andern Dingen nicht anerkennt — und kein evangelischer Theologe erkennt sie an —, handelt folgerichtig, wenn er sie auch hier in Frage stellt[1]).

Niemand braucht darum zu leugnen, dass die alte Kirche in ihrem Neuen Testamente im Ganzen das religiös Wertvollste und im Ganzen auch das Älteste und darum urkundlich Wichtigste nicht blos aus der uns bekannten, sondern auch aus der damals verbreiteten Literatur vereinigt und eine alles Lobes würdige Sammlung geschaffen hat. Aber dies Urteil schliesst ein, dass die Grenzen zwischen der kanonischen und der nächstliegenden ausserkanonischen Literatur an allen Punkten[2]) durchaus fliessend sind.

Will man also die neutestamentlichen Schriften nicht unter dem Gesichtspunkte eines »nachträglichen Erlebnisses« auffassen,

---

1) Man lese Lagarde, Deutsche Schriften, Gesamtausgabe letzter Hand 1886, 55.

2) Auch in Bezug auf den religiösen Wert. Den 2. Petrusbrief oder die Pastoralbriefe in der Hinsicht über die Didache oder den 1. Klemensbrief zu stellen, wäre kühn. Soll es aber ankommen auf das, »was Christum treibet«, so steht Ignatius nicht blos über dem Jacobusbriefe.

mit dem ihr ursprüngliches Wesen gar nichts zu thun hat, so kommen sie nicht als kanonische, sondern einfach als urchristliche Schriften in Betracht. Dann verlangt offenbar das geschichtliche Interesse, alles das aus der Gesamtheit der urchristlichen Schriften zusammen zu betrachten, was geschichtlich zusammengehört. Die Grenze für den Stoff der Disziplin ist da zu setzen, wo ein wirklicher Einschnitt in der Literatur bemerkbar wird. Der Gesichtspunkt des religiösen Wertes ist dafür aber natürlich nicht massgebend. Die Frage ist lediglich, welche Schriften den Anschauungen und Gedanken nach überwiegend verwandt sind, oder von wo an die Gedanken ein merklich neues Gepräge zeigen.

Kann man sagen, dass die Schriften des Neuen Testaments in diesem Sinne eine besondere, von der benachbarten Literatur sich scharf abhebende Gruppe bilden? Wenn man nur das Neue Testament als die Literatur des apostolischen Zeitalters der des nachapostolischen gegenüberstellen könnte! Und wenn nur die Vorstellung von einer hinter dieser apostolischen Zeit anhebenden völligen Verflachung der Gedanken, einer Art Abfall haltbar wäre! Aber diese Vorstellung gehört ins Reich der Sage, und zeitlich lässt sich das Neue Testament keineswegs im apostolischen Zeitalter unterbringen. Das Johannesevangelium, die katholischen Briefe, die Pastoralbriefe und andere Bücher liegen jenseits seiner Grenze. Diese Schriften schieben sich chronologisch zum Teil mitten hinein in die Gruppe der s. g. apostolischen Väter — der 1. Klemensbrief ist gewiss älter als mehrere neutestamentliche Schriften, der 2. Petrus-, auch der Jacobusbrief wahrscheinlich jünger als mehrere der apostolischen Väter —, zum Teil reichen sie ganz nahe an sie heran; sämtlich stehen sie selbst den späteren apostolischen Vätern der Zeit nach nicht ferner oder nicht viel ferner als nach rückwärts den Paulusbriefen [1]).

Die Hauptsache ist nun aber, dass dem zeitlichen Verhältnisse das sachliche Verhältnis ganz entspricht. Mit dem

1) Es muss erlaubt sein, diese Dinge hier vorauszusetzen. Ohne bestimmte Voraussetzungen über das Neue Testament lässt sich unser Thema überhaupt nicht behandeln. Ich setze im Allgemeinen nur voraus, was die literarische Kritik mit weitreichender Einmütigkeit behauptet.

älteren Teile des Neuen Testaments verglichen, stellen Schriften wie Johannesevangelium und -briefe, Pastoralbriefe, Jakobusbrief, Judas- und zweiter Petrusbrief, auch Matthäusevangelium schon vor wesentlich neue Fragen und Erscheinungen. Ein christologisches Dogma ist da und wird verteidigt, der Kampf gegen die gnostische Häresie ist entbrannt, der Begriff der Rechtgläubigkeit im Gegensatze zur Häresie ist wirksam, die Glaubens form el, das Bekenntnis beginnt eine Rolle zu spielen, das Amt fängt an in der erweiterten Kirche zur massgebenden Grösse zu werden, es zieht den »Geist« an sich, die Loslösung der Kirche vom Judentum ist eine Thatsache der Vergangenheit, die Kirche befehdet das Judentum wie eine fremde Religion — und das sind nicht die einzigen Wandlungen gegenüber dem ältesten Christentum. Andrerseits gehören gerade solche Züge zu den charakteristischen Merkmalen der apostolischen Väter. Natürlich tauchen bei diesen auch wieder neue Züge auf. Aber eine deutliche Grenzlinie gegen jene neutestamentlichen Schriften lässt sich nicht ziehen, das Verwandte überwiegt; selbst das merkbare Anwachsen hellenischer Gedanken ergiebt keine durchgreifende Scheidung. Man denke z. B. auch an die besonderen Verbindungslinien zwischen dem Hebräerbrief und dem Barnabasbrief, dem Jakobusbrief und dem ersten Klemensbrief oder dem Hirten des Hermas, zwischen Johannes und Ignatius. Soviel ist jedenfalls sicher, dass der Abstand in Begriffen und Anschauungen zwischen diesen urchristlichen Schriften und den spätesten Schriften des Neuen Testaments durchweg nicht grösser, in vielem kleiner ist als der Abstand dieser von den echten Paulusbriefen [1]).

---

1) Harnack sagt (Dogmengeschichte [3] 129 vgl. 48f.): »Das Urteil, dass das Neue Testament in seinem ganzen Umfange eine einzigartige Literatur umfasse, ist streng genommen nicht haltbar; aber richtig ist, dass zwischen seinen wichtigsten Bestandteilen und der Literatur der nächsten Folgezeit eine tiefe Kluft befestigt ist«. Im Blick auf Johannes kann ich das nicht für richtig halten. Bei Harnacks Urteil spricht besonders die Anschauung mit, dass Paulus, der Autor des Hebräerbriefs und Johannes auf einer besondern, von andern nicht erreichten Höhe gestanden hätten, sofern sie gerade das Judentum bezw. die alttestam. Religion als Religion verstanden, aber geistig überwunden und ihm bezw. ihr das Evangelium als eine neue Religion übergeordnet hätten (129). Harnack will auch als Grund der

Da nun unsere Disziplin füglich nicht schon mit Paulus schliessen kann, da sie mit dem Begriffe »apostolisches Zeitalter« als Grenzbegriff nicht viel anfangen kann[1]), so muss sie

---

Thatsache, dass die Auffassung des Johannes von Christus und vom Evangelium die folgende Entwicklung so wenig bestimmt habe, zum Teil seine »Kritik am AT. als Religion« betrachtet wissen, »resp. die Selbständigkeit, die der christlichen Religion auf Grund (?) einer genauen Kenntnis des Alten Testaments durch Entwicklung „verborgener Triebe des A. T.'s" hier gegeben ist« (92f.). S. auch 79 [1], 87 [1], 88 [1].

Mir scheint diese Auffassung und die auszeichnende Zusammenordnung jener drei Männer unter diesem Gesichtspunkte irreführend. Ich kann das hier freilich nicht genügend ausführen, da die Sache für Paulus und die beiden andern wesentlich verschieden, für den Hebräerbrief und Johannes ebenfalls noch verschieden liegt, und jedenfalls Barnabas, Justin, Marcion und anderes herbeizuziehen wäre. Es seien nur folgende Bemerkungen gestattet. Die »verborgenen Triebe des Alten Testaments«, die Johannes entwickelt haben soll, werden schwer aufzuzeigen sein, und wenn Harnack an andrer Stelle (94) das Johannesevangelium mit dem »alten Glauben der Propheten und Psalmisten« in eine spezifische Beziehung setzt, so ist diese Charakteristik m. E. nicht glücklich. Die Gegenüberstellung von Christentum und Judentum bei Johannes beweist noch nicht, dass er das Christentum selbst tiefer verstand, seine Selbständigkeit und Neuheit als Religion schärfer erfasste als beispielsweise Ignatius, sie beweist zunächst nur, dass er zu den gebildeten Christen gehörte, deren Blick über die innern Verhältnisse des christlichen Glaubens und Lebens hinausging, die über das Christentum als Ganzes und sein Verhältnis zum Judentum zu reflektieren vermochten, und sodann besonders, dass ihn dies Verhältnis zum Judentum wie andere Christen seiner Zeit lebhaft beschäftigte, weil er mit der feindlichen Synagoge sich auseinanderzusetzen hatte. Man muss nur Joh. 1, 17 weder lutherisch noch paulinisch auslegen, sondern ‚altkatholisch'. Moses hat lediglich den geringen νόμος mit dem Zwange seiner äussern Vorschriften gegeben, die mit höherer Wahrheit nichts zu thun haben; Christus hat das Wissen um den unzugänglichen und unsichtbaren Gott gebracht, also die Wahrheit und damit die Gnade, weil Wahrheit Leben bedeutet. — Richtige Ausführungen über den Punkt bei Holtzmann, Lehrb. der neutestam. Theol. I, 491.

1) Wo ist das Ende des apostolischen Zeitalters? Wann der letzte Apostel gestorben ist, ist für die Frage ziemlich gleichgiltig; es käme vielmehr auf den Zeitpunkt an, wo man sich als zweite Generation zu fühlen beginnt. Ist dieser Zeitpunkt vielleicht einigermassen fixierbar, so vermögen wir doch kaum anzugeben, was nach dem Tode

sich, wie Krüger kürzlich mit vollem Recht entschieden verlangt hat[1]), über das Neue Testament hinaus erweitern.

Gegen diese Forderung wird man namentlich sagen, dass die Kirche doch eben in ihrer Geschichte, ihrer Theologie wie ihrer Praxis zu den Schriften des Neuen Testaments ein ganz einzigartiges Verhältnis habe, und dass die Theologie »der Kirche dienen müsse«. Allein diese so häufig gebrauchte, auf Schleiermacher zurückweisende Formel ist jedenfalls für alles in der Theologie, was der Geschichte angehört, also auch für das gesamte biblische Gebiet, entweder durchaus unhaltbar oder äusserst inhaltsleer[2]).

Der Dienst, der der Kirche zu leisten wäre, müsste doch entweder in den Resultaten der Forschung liegen oder in der Behandlungsweise oder in den Aufgaben, die gestellt werden. Für Resultate wie Behandlungsweise ergiebt das Streben der Kirche zu dienen schlechthin keinerlei Maxime; denn beides

---

des Paulus den Inhalt dieser Zeit bildete. Vermöchten wir es aber auch, so würde das Bewusstsein in der zweiten Generation zu leben an sich noch gar keinen tiefen Einschnitt bedeuten. Denn dies Bewusstsein bedeutet ja noch nicht das Aufhören des Glaubens an das nahe Ende und noch nicht die Aussonderung einer einzigartigen und für eine längere künftige Entwicklung schlechthin massgebenden apostolischen Epoche.

1) Das Dogma vom Neuen Testament, Giessen 1896, bes. 11 ff. — Krügers Beobachtungen über den Einfluss dieses Dogmas dort, wo es ihn nicht haben dürfte, lassen sich noch vermehren. Nur eins. Ein lexicon Novi Testamenti, das höchstens sporadisch spätjüdische und ausserkanonisch-urchristliche Gräcität berücksichtigt, entspricht, da das Neue Testament keine Sprachinsel ist, nicht der Forderung der Sache und schädigt materiell das Verständnis auch des rein neutestamentlichen Wortschatzes, da es Stoff, der für dies Verständnis wichtig ist, bei Seite lässt. — Auch darin stimme ich Krüger bei, dass die dogmengeschichtlichen Lehrbücher, wenn sie das spätere neutestamentliche Material bei der Schilderung des nachapostolischen Glaubens gar nicht oder nur spärlich verwenden, dem gleichen Fehler verfallen, wie die Lehrbücher der biblischen Theologie, nur in umgekehrter Richtung (cf. Krüger 17 f.). In Harnacks Dogmengeschichte ist nach dieser Seite am auffallendsten wohl gerade, dass er dem Johannesevangelium nicht mehr für seine Darstellung abgewinnt.

2) Schleiermachers Kurze Darstellung des theol. Studiums bleibt stets ein bewundernswertes Buch. Aber was es z. B. über »die exegetische Theologie« lehrt, hat kein wirkliches Fundament.

wird lediglich durch die Natur des historischen Objects bestimmt. Die Aufstellung der Aufgaben ergiebt sich ebenfalls ganz überwiegend aus der Sache selbst; nur in beschränktem Sinne können kirchliche Fragen und Bedürfnisse hier einen legitimen Einfluss üben und am allerwenigsten wohl gerade auf dem biblischen Gebiete. In der Hauptsache steht es also gar nicht in der Macht des geschichtlich forschenden, d. h. dem historischen Objecte als Herrn gehorchenden Theologen, der Kirche mit seiner Arbeit (nämlich der eigentlich wissenschaftlich-historischen) zu dienen, auch wenn er persönlich allen Willen dazu hat — man müsste denn die Erforschung der geschichtlichen Wahrheit als solche als einen Dienst für die Kirche betrachten. Gerade darin liegt ja die nicht durch den Willen der Einzelnen geschaffene Hauptschwierigkeit unserer ganzen theologischen Situation: die Kirche ist auf Historisches gestellt, das Historische aber kann der Forschung nicht entzogen werden, und die Erforschung des Historischen trägt ihre Gesetze in sich selbst.

Dies Motiv, dass man der Kirche dienen müsse, fällt also fort. Dann kann aber unmöglich die besondere Schätzung des Neuen Testaments in der Kirche der Vergangenheit und Gegenwart oder überhaupt seine einzigartige geschichtliche Wichtigkeit uns eine bestimmte Abgrenzung der biblischen Theologie vorschreiben, wenn die Natur der Sache ihr widerspricht [1]).

---

1) Holtzmann I, 24f. macht gleichwohl jene Schätzung massgebend für die Grenze der Disziplin. Freilich erkennt er prinzipiell die entgegengesetzte Auffassung durchaus an und fasst eine Zukunft ins Auge, die den neutestamentlichen Rahmen sprengen werde. Allein worauf sollen wir warten? Nach Holtzmanns Vorrede VIII (wo sich H. bereits mit Krüger auseinandersetzt) darauf, dass zunächst auf dem eigentlichen Kampfgebiete, dem Neuen Testamente, ein entscheidender Sieg der geschichtlichen gegen die ungeschichtliche Auffassung errungen werde. Da kann man ebenso gut fragen: wann wird dieser Sieg errungen werden? als: ist er nicht schon errungen? weiter aber auch: kann die Verschiebung der Grenze nicht selbst für den Kampf etwas austragen? Gewiss ist es das Allerwichtigste, dass der Kämpfer selbst über »die herkömmlichen Schranken« »hinauszublicken« vermöge, also im Stande sei das Neue Testament in seiner historischen Umgebung zu sehen, aber auch dafür wird es sehr wichtig sein, ob ihn die Begrenzung der Disziplinen zu diesem Hinausblicken zwingt oder nicht.

Wieweit sollen wir nun aber über das Neue Testament hinausgehen? Es genüge hier vorläufig die Antwort, dass vor den Schriften der Apologeten Halt zu machen ist, da diese allerdings einen wesentlich andern Charakter zeigen, als die gesamte christliche Urliteratur, die vorangeht. Wir kommen auf den Punkt zurück[1]).

2.

Die herrschende Methode der neutestamentlichen Theologie kann man als die Methode der Lehrbegriffe bezeichnen.

Diese Methode verfährt etwa so. Sie geht darauf aus, die Gedanken jedes einzelnen Schriftstellers, eben seinen ‚Lehrbegriff', möglichst erschöpfend zu rekonstruieren. Verwandte Autoren oder Schriftstücke treten dabei zu Gruppen zusammen, werden aber innerhalb der Gruppen getrennt behandelt. Bei Paulus werden gern die Lehrbegriffe verschiedener Perioden noch wieder unterschieden. Die einzelnen Theile des Ganzen werden thunlichst nach einem geschichtlichen Gesichtspunkte geordnet. Der einzelne Lehrbegriff wird gewonnen, indem man die für diesen Schriftsteller charakteristischen Hauptideen herausstellt, diesen unterordnet, was über den und jenen Punkt sonst zu ermitteln ist, überall aber die einzelnen Begriffe einer Schrift unter Kombination aller Stellen, die einschlagende Beziehungen enthalten, sorgfältig und peinlich analysiert und auch wohl definiert.

Diese Methode hat das Verdienst, die Individualität der einzelnen Schriftsteller gegen früher um vieles schärfer erfasst zu haben; gegenüber einer unhistorischen und oberflächlichen Durcheinandermischung aller möglichen Anschauungen des Neuen Testaments muss man es ihr danken, dass sie so bemüht gewesen ist zu differenzieren. Aber ebenso muss man wünschen, dass sie nun bald ihre Zeit gehabt habe. Denn der Bedenken gegen sie sind genug. Ich muss sie ausführlich entwickeln.

Erstens versündigt sich die Methode reichlich an den neutestamentlichen Schriftstellern und Urkunden. Schriften wie der 1. Petrusbrief, der 2. Petrusbrief mit dem Judasbrief, der

1) Vgl. hiezu unten 59 f.

Jakobusbrief sind schon ihrem Umfange nach zu klein, als dass man ihnen einen Lehrbegriff abgewinnen könnte. Kompendien wollten ihre Verfasser nicht liefern; dann kann man nicht erwarten, dass uns ein paar Blätter von ihrem Ideenkreis einen deutlichen Begriff geben. Bestenfalls geben sie uns eine charakteristische Probe ihres religiösen Denkens, ebensogut kann es sein, dass ihre Eigentümlichkeit zurücktritt — wenn sie überhaupt Eigentümlichkeit haben. Schliesslich gilt aber auch noch für eine Schrift, wie der Hebräerbrief ist, dasselbe, wenn auch in geringerem Grade, und selbst bei Paulus darf man keinen Augenblick vergessen, dass wir nur Ausschnitte aus seiner Gedankenwelt besitzen. Die fragliche Methode setzt dagegen einfach voraus, dass die Ideen des Schriftstellers vollständig oder annähernd vollständig in seinem Schriftchen oder seiner Schrift niedergelegt seien. Überall aber nimmt sie das Recht in Anspruch, die vorkommenden Anschauungen und Vorstellungen in jede logisch mögliche Verbindung zu setzen, wo es nötig ist, durch Folgerungen, ohne viel zu fragen, ob auch der Autor an solche Beziehungen und Folgerungen dachte[1]).

Sie verfällt dabei immerfort der Gefahr, für charakteristisch zu halten, was es nicht ist. Hat ein Autor zufällig eine Vorstellung ausgesprochen, die sich sonst nicht findet, sie macht daraus eine Eigentümlichkeit des Autors. Denn sie isoliert die Begriffe aufs stärkste von ihrem geschichtlichen Hintergrunde.

Ebensosehr ignoriert sie aber auch den konkreten Zweck des Schriftstücks, die individuellen Umstände seiner Entstehung. Und wie sehr ist hierdurch doch die Aussprache der neutestamentlichen Schriftsteller bedingt! Nicht ganz selten würde ja der gleiche Schriftsteller dasselbe Thema unter verschiedenen Umständen, für verschiedene Leser, bei verschiedener praktischer Tendenz in ganz verschiedener Weise, in einem fast entgegengesetzten Sinne behandeln können. Wie kann man dann von den eigentümlichen Be-

---

1) Harnack sagt Theol. Lit. Ztg. 1886, 413, indem er zum Teil dieselben Vorwürfe ausspricht wie ich hier: »Es haftet an dem Unternehmen des „Lehrbegriffs" die Methode, zu welcher der Jurist angesichts einer gültigen Rechtsquelle berechtigt ist.«

dingungen der Urkunde abstrahieren! Man denke an den 1. Petrusbrief. Er redet viel von der Hoffnung. Deshalb erklärt man Petrus für den »Apostel der Hoffnung«[1]). Mag es sich nun um Petrus oder einen andern Verfasser handeln, eins ist gewiss, der Brief verfolgt einen praktischen, paränetischen Zweck und zwar nicht im Allgemeinen, sondern in Bezug auf einen ganz bestimmten Punkt: die Leiden, denen die Leser von Seiten der nichtchristlichen Welt ausgesetzt sind. Unter dieser Beleuchtung steht das ganze Schreiben. Da ist es ja fast selbstverständlich, dass der Verfasser auf das hinweist, was seine Leser vor allem über die Leiden erheben konnte — die herrliche Hoffnung auf das unvergängliche, unbefleckliche und unverwelkliche Erbe, das aufbehalten ist in den Himmeln und das nicht mehr lange auf sich warten lässt. Es ist ganz einfach zu behaupten, dass damals schlechtweg jeder Christ bei gleicher Lage ganz ebenso über die Hoffnung reden konnte[2]), und dass der Verfasser des 1. Petrusbriefs unter andern Verhältnissen auch einen Brief schreiben konnte, der von der Hoffnung so gut wie gar nicht redete. Statt dessen ist es ganz gewöhnlich, ihm eine Art individueller Neigung für die *ἐλπίς* zuzuschreiben, wie sie andere für die *πίστις* oder die *ἀγάπη* gehabt haben sollen. Es ist das eine Misshandlung der Urkunde.

Auf ein zweites Gebrechen der Methode weist schon der Name »Lehrbegriff«. Er ruht auf der Vorstellung, dass die Schriften des Neuen Testaments »Lehre« enthalten. Wenn man will, thun sie das ja auch. Aber genauer betrachtet passt der Ausdruck nicht. Von Lehre sprechen wir nur dann mit Recht, wenn jemand Gedanken und Vorstellungen ent-

1) So z. B. B. Weiss 174 ff.

2) Auch Holtzmann II, 310 ff. stellt dies keineswegs klar. Er redet ganz abstrakt von dem »Zentralgedanken der Hoffnung«. Er stellt diese »Abbiegung nach der Zukunftsrichtung« dem Paulinischen im Briefe gegenüber (?). Beyschlag I, 413 findet eine primitive, halbalttestamentliche Form der Lehrrede darin, dass den Glaubensbegriff »noch vielfach« (!) im Briefe der Begriff der Hoffnung bezw. des Gehorsams vertritt. Holtzmann II, 305 spricht auch beim Hebräerbriefe vom Bekenntnis der Hoffnung und der *ὑπομονή*, ohne die Situation zu berücksichtigen, die der Brief (10, 32 ff.) voraussetzt.

wickelt, um zu lehren. Das geschieht im Neuen Testamente nur sehr teilweise. Das Meiste ist praktische Ansprache, Weisung für's Leben, Belehrung für den Moment, Belebung der religiösen Empfindung, Rede des Glaubens und der Hoffnung für Glaubende und Hoffende. Vorstellungen, Anschauungen, Glaubenssätze spielen dabei eine Rolle, aber sie werden mehr nebenher berührt oder vorausgesetzt, als absichtlich entwickelt; wo sie absichtlich entwickelt werden, geschieht es doch meist unter bestimmendem Einfluss praktischer Impulse und Ziele. Die neutestamentliche Theologie macht ohne Weiteres zur Lehre, was nicht Lehre ist, und sie bringt es nicht zur Geltung als das, was es wirklich ist. Man erkennt hierin deutlich eine Nachwirkung dogmatischer Gewohnheit, der altdogmatischen Gewohnheit, jede Schriftstelle mit der Frage: was lehrt sie? anzusehen und »mit dem Begriff der Religion überhaupt zunächst den einer Lehre zu verbinden«[1]).

Man muss dies Verfahren aber besonders deshalb verurteilen, weil es dem Stoffe eine Gleichförmigkeit aufdrängt, die der geschichtlichen Wirklichkeit nicht entspricht und seine Lebensfarbe vernichtet. Wer kann übersehen, dass das geistige Niveau der verschiedenen Autoren und Urkunden ein wesentlich verschiedenes ist? Man muss unterscheiden zwischen solchen, die schon theologisch geartet sind, und solchen, die es nicht sind[2]). Der Unterschied ist relativ, aber er ist vorhanden, und er bedeutet etwas. Paulus ist zwar auch nichts weniger als ein Theologe oder Systematiker im heutigen Sinne, er schreibt niemals Paragraphen, und man wird gut thun auch bei ihm der Beweglichkeit und Lebensfülle eines nicht in die Fesseln einer theologischen Begriffssprache gezwängten Geistes zum Rechte zu verhelfen. Trotzdem ist in seinen Briefen ein starkes theologisches Element, er ist doch ein christlicher Denker, er reflectiert wie ein Theologe. Hier ist es also irgendwie am Platze, einen ‚Lehrbegriff', einen Aufriss seiner theologischen Anschauung herauszuarbeiten. Die Verfasser

---

1) Stade, Über die Aufgaben der bibl. Theologie des Alten Testaments, Ztschr. für Theol. und Kirche III (1893), 37.

2) Das Neue Testament enthält nicht blos »pure Religion«, Beyschlag I, 2.

von Schriften wie Apostelgeschichte, Apokalypse oder Pastoralbriefe sind dagegen nicht Theologen, mögen auch theologische Elemente in ihnen sich finden. Solche Schriften müssen daher auch anders behandelt werden.

Aber auch abgesehen von solcher Verschiedenheit der Schriften — was soll uns eine neutestamentliche Theologie, die keinen Sinn zeigt für die Mannigfaltigkeit und Eigenart all der Elemente, die in dem, was wir Religion und Christentum nennen, in der ältesten Zeit so gut wie später vereinigt gewesen sind, eine Wissenschaft, die kein Wort findet für die Bedeutung und Macht der religiösen Stimmung neben den Vorstellungen und Begriffen, die in dem eintönigen Grau ihrer »Lehre« jeden wirklichen Unterschied verwischt zwischen der lebendigen Anschauung und der blos überkommenen und halb bedeutungslos gewordenen, zwischen der überall giltigen Formel und dem individuell gewachsenen und geprägten theologischen Gedanken, zwischen der blossen Vorstellung und dem mit Bewusstsein vertretenen Glaubenssatze, zwischen dem einfachen Glauben und der religiösen Spekulation?

Man halte dieses nivellierende Verfahren zusammen mit der individualisierenden Unterscheidung zahlreicher Lehrbegriffe.

Drittens sei auf etwas hingewiesen, was mit den hervorgehobenen Fehlern eng zusammenhängt.

Begriffe müssen zweifellos in der neutestamentlichen Theologie eine hervorragende Rolle spielen. Sie sind für uns an der urchristlichen Religion das am ehesten Fassbare, und in ihnen fasst sich zum guten Teile der Ertrag der religiösen Entwicklung zusammen. Aber für unsere Wissenschaft [1]) kommt es nicht auf alle beliebigen Begriffe an, sondern nur auf die massgebenden, beherrschenden und sodann auf die

---

1) Neben der »neutestamentlichen Theologie« wird man als wertvolle Ergänzung eine besondere »Geschichte der neutestamentlichen bezw. urchristlichen Begriffe« denken dürfen und wünschen müssen, die die wichtigsten Begriffe des Neuen Testaments auf ihre Herkunft religionsgeschichtlich untersucht, ihre entscheidenden Wandlungen und deren geschichtliche Bedingungen feststellt sowie ihren Einfluss beleuchtet. Die Aufgabe berührt sich mannigfach mit der der neutestamentlichen Theologie, ist aber doch wieder sehr verschieden.

eigentümlichen, bezeichnenden, auf beide aber wieder nicht überall gleichmässig und nach allen durch das Material eröffneten Seiten, sondern nur in den geschichtlich wichtigen und charakteristischen Beziehungen.

Der üblichen Methode ist vorzuwerfen, dass sie sich eine falsche Aufgabe bezüglich der neutestamentlichen Begriffe stellt, und dass sie vielfach einen unrichtigen Weg einschlägt, um zu ihnen zu gelangen.

Was diesen Weg angeht, so will ich nicht weitläufig erörtern, wie verkehrt es ist, jede gelegentliche Wendung, jeden beiläufig gewählten Ausdruck eines Autors auszupressen, um für einen Begriff Kapital daraus zu schlagen. Es sei hier etwas anderes hervorgehoben. Man glaubt sich der Begriffe zu bemächtigen, indem man an den einzelnen Stellen ihren Sinn philologisch genau präcisiert, ihren Zusammenhang mit andern Begriffen, die in den Stellen vorkommen, feststellt und das Ergebnis etwa in einer logisch korrekten, alle gefundenen Momente umfassenden Definition zum Ausdrucke bringt. Man denke z. B. an die Behandlung des paulinischen Begriffs der *πίστις* oder der *σάρξ*. Dies Verfahren müsste sachentsprechend heissen, wenn der Autor seine Begriffe systematisch durchgebildet hätte und sie mit strenger Präcision und dem scharfen Bewusstsein von ihrem Inhalt und Umfang verwendete. Solches erwartet man mit Recht vom wissenschaftlichen Dogmatiker. Gleiches bei den religiösen Schriftstellern des Neuen Testaments voraussetzen heisst in dogmatischer Angewöhnung ein ihnen fremdes dogmatisches Verfahren in sie zurücktragen. Hier im Neuen Testamente kann es gar nicht darauf ankommen, den Sinn des Begriffs nach allen möglichen einzelnen Stellen abzuzirkeln, man hat ihn vielmehr lediglich an gewissen entscheidenden Anschauungen des Autors (den Begriff der *πίστις*[1])

1) Alle psychologischen Bestimmungen über den Glauben z. B. (Akt des Willens oder des Gehorsams, Empfänglichkeit, Verhältnis zur Hoffnung, Fürwahrhalten u. s. f.) dürfen kurzweg als unerheblich bezeichnet werden. Auch dass das Vertrauen das Wesen der paulinischen *πίστις* bilde, ist unrichtig, so gewiss *πίστις* bei Paulus auch Vertrauen bedeutet. Die Meinung ist nur ein Reflex der reformatorischen Glaubensauffassung. Für Luthers fides ist es freilich wesentlich, dass sie fiducia ist und zwar fiducia specialissima, persönliche

also an der charakteristisch paulinischen Anschauung von ihrem Objekte, den Begriff der σάρξ an den materialen Aussagen über ἁμαρτία, δικαιοσύνη, νόμος, θάνατος, αἰὼν οὗτος, πνεῦμα u. s. w.) zu orientieren und so seine durchschlagende Bedeutung zu ermitteln. Andernfalls wird man allerlei, auch allerlei Richtiges finden, nur nicht das Wesentliche; oder vielleicht findet man auch das Wesentliche, aber man vermischt es mit Untergeordnetem [1]).

Aber darin liegt gerade die falsche Auffassung der Aufgabe, von der ich sprach, — und hierauf kommt es mir vor allem an — dass man sich verpflichtet fühlt, vollständig zu sein, alle Begriffe und jede besondere Färbung der Hauptbegriffe herauszustellen (statt das der Exegese zu überlassen), oder auch jede kleine Abweichung von dem Sinne, den ein andrer Autor mit ihnen verbindet, zu registrieren.

Man kann die neutestamentliche Theologie mit einigem Rechte die Wissenschaft der Minutien und bedeutungslosen Nuancen nennen. Und das ist schlimm. Denn es bedeutet, dass die Hauptsachen verdunkelt werden. Zugleich bedeutet es, dass die neutestamentliche Theologie eine dürre und langweilige Wissenschaft wird. Und ebenso bedeutet es, dass

---

Heilsgewissheit. Denn Luther hat es in seiner Rechtfertigungslehre mit dem Menschen in der Kirche zu thun, dem es darauf ankommt, dass das, was er im Allgemeinen glaubt, für ihn selber Geltung habe. Bei Paulus kommt es vielmehr auf das Glauben und Gläubigwerden im Gegensatze zur nichtglaubenden Welt an, also auf die Bejahung des bestimmten Glaubensinhalts. Es kann ja doch auch nicht Zufall sein, dass Paulus für den psychologischen Begriff des Glaubens kein Interesse zeigt. — Geschichtlich bedeutungslos ist es auch, ob unter den nachpaulinischen Schriftstellern dieser den Glauben mehr im Gegensatze zur διψυχία, dieser mehr als Fürwahrhalten, ein anderer mehr als Standhaftigkeit beschreibt oder der Hoffnung nähert. Selbst von der Stelle Jak. 2, 19 braucht man nur Notiz zu nehmen, soweit es sich um den Sinn des Passus über die Rechtfertigung handelt. Einen eigentümlichen Glaubensbegriff hat Jakobus nicht, und trotz allem ist auch ihm πίστις Kardinaltugend. Wichtig sind für den nachpaulinischen Glaubensbegriff nur wenige Dinge, z. B. dass πίστις zur fides quae creditur wird.

1) Ich übertrage in Vorstehendem nur, was Eichhorn (Die Rechtfertigungslehre der Apologie, Studien und Kritiken 1887, 416 f.) für ein anderes Gebiet vortrefflich auseinandergesetzt hat.

die Gedanken des Neuen Testaments nicht in der Lebensfrische vor uns erstehen, die ihnen zugehört.

Ein Beispiel, das zugleich einige frühere Bemerkungen illustriert, möge zeigen, wie heute noch neutestamentliche Begriffe in vielgelesenen Lehrbüchern besprochen werden können. B. Weiss überschreibt beim Lehrbegriff des Jakobusbriefs einen Paragraphen: »Die Erwählung«[1]). Man muss danach annehmen, dass dieser Begriff für Jakobus irgend eine eigentümliche Bedeutung hat. Nun kommt der Ausdruck Erwählung einmal bei ihm vor, in der Stelle: »Hat nicht Gott die Armen dieser Welt erwählt zu Reichen im Glauben und Erben des Reichs?« (2 5). Daneben kann man noch das Wort anführen: »nach seinem Willen (βουληθείς) hat er uns gezeugt durch das Wort der Wahrheit« (1 18). Auf dieses Material baut Weiss folgende Definition: »Die Erwählung ist derjenige Akt, durch welchen Gott die Armen in Israel, die ihn lieb haben, zu seinem Eigentume macht«. Und weiter: »Er vollzieht diesen Akt teils durch die Zeugung derselben mittelst des Wortes, deren Ziel die Herstellung einer spezifischen Gottgeweihtheit ist; teils durch die Bewirkung des Glaubens . . . .« (cf. das ἐν πίστει 2 5). Darauf spricht er dann u. a. noch seine Verwunderung aus, dass der durch die Erwählung gesetzte Heilsstand nicht als Kindschaftsverhältnis bezeichnet wird.

Was soll man dazu sagen? Harmloser kann man das Wort ἐκλέγεσθαι nicht gebrauchen, als Jakobus thut. Weiss benutzt es zur Bildung einer Definition. Es fällt Jakobus nicht ein, anzudeuten, dass die Erwählung im Zusammenhang mit der »Bewirkung des Glaubens« gedacht werden müsse. Weiss vollzieht diese Kombination. Es erscheint nun so, als ob sich der Autor Gedanken gemacht hätte über die Art, wie sich die Erwählung vollzieht. Dazu die Definition selbst: als ob es bei Jakobus eine Art Dogma und zwar ein Spezialdogma wäre, dass Gott die Armen erwählt habe! Und der ganze Paragraph von mehr als 3 Seiten erledigt sich wieder durch die simple Bemerkung, dass damals, wenn nicht jeder Christ, so doch alle die ebenso von der Erwählung reden konnten, die gegen den Stolz und Luxus des Reichtums empört waren.

---

1) 186 ff. Diesem Beispiele wären leicht ähnliche hinzuzufügen.

Wenn man doch nach dieser Methode einmal die »Begriffe« in Paul Gerhardts Liedern oder in Spurgeons Predigten feststellen möchte!

Der Nährboden dieses falschen Verfahrens ist zunächst das Interesse an der Verwertbarkeit der biblischen Begriffe für die Dogmatik und, wie schon angedeutet, die stillschweigends wirkende Voraussetzung, diese Begriffe müssten den Begriffen der Dogmatik in ihrer Art analog sein. Allein es kommt noch Anderes hinzu.

Auch die Gewöhnung an die erbauliche Verwendung der Texte und zwar jedes einzelnen Wortes wirkt ein. In Folge dieser Gewöhnung erscheinen uns die Texte so leicht anders, als sie gemeint sind. Es hat sich ein Etwas über sie gebreitet, wodurch jede Wendung von vornherein als bedeutungsvoll, jedes Wort als absichtsvoll und gewählt erscheint, auch wenn es das nicht ist. Wie anders als die ersten Leser lesen und empfinden wir etwa eine Erzählung wie die vom verlornen Sohne! Wie würden Worte der Didache uns ansehen, wenn sie Jahrhunderte lang als Predigttexte gedient hätten und von den Katechumenen auswendig gelernt worden wären!

Ferner könnte man die glossatorische und vielfach wortklauberische Art unserer Kommentare mit verantwortlich machen. Vielleicht ist es aber ebenso richtig zu sagen, dass in der Exegese nur eine ähnliche — hier freilich immerhin viel eher zu leidende, in gewissen Grenzen sogar notwendige — Erscheinung zu Tage tritt wie in der biblischen Theologie.

Jedenfalls giebt es aber noch eins, was die bekämpfte Methode sehr stark begünstigt und ihr noch lange Vorschub leisten wird, und es ist um so wichtiger, das hier zu nennen, weil gerade das kritische Lager, wenn nicht allein, so doch ganz besonders dabei interessiert ist.

Ich meine die weitverbreitete Art der Literarkritik[1]),

1) Man verzeihe, dass ich dieses erst vor kurzem in der Anzeige von Jülichers Einleitung (Göttinger Gel. Anz. 1896, 517f.) und von Gunkels Schöpfung und Chaos (Theol. Lit. Ztg. 1896, Kol. 629) von mir gestreifte Thema hier abermals berühre. Aber es gehört hier zur Sache, und einstweilen kann man überhaupt kaum oft genug auf die Übergriffe der Literarkritik aufmerksam machen. Nachdrücklich sei hier nochmals auf das verwiesen, was Gunkel hierüber vorgetragen hat.

welche überall Beziehungen in Gedanken und Ausdrücken zwischen den Urkunden findet, im Grossen und besonders auch im Kleinen literarische Beeinflussungen und Entlehnungen nachzuweisen sucht.

Es kann hier nicht auf eine allseitige Würdigung dieser Erscheinung ankommen. Jedenfalls ist stets anzuerkennen, dass diese Kritik für die Feststellung des chronologischen Verhältnisses bestimmter Schriften, für die Erfassung ihrer Eigentümlichkeit, für Echtheitsfragen und sonstige Probleme der s. g. Einleitung wertvolle Arbeit geleistet hat. Andrerseits ist sie nur allzuoft unvorsichtig und überscharfsichtig gewesen in der Annahme literarischer Zusammenhänge oder auch in der Behauptung, dies und das könne ein Schriftsteller nicht gesagt haben. Vor allem ist sie aufs Tiefste in der Meinung befangen, dass urchristliche Wendungen, Formeln, Gedanken ganz überwiegend durch literarische Kanäle von einem zum andern gelangt seien. Und doch folgt aus der Natur der Sache, dass damals gerade wie heute ein reicher ungeschriebener Gemeinbesitz im weitesten und wieder im engeren Kreise bestanden hat, aus dem auch den schriftstellernden Christen ein überaus grosser Theil ihrer Ideen und ihres religiösen Sprachguts zufliessen musste, und der es ohne Weiteres als selbstverständlich erscheinen lässt, dass zahlreiche Ähnlichkeiten und Berührungen sich finden. Man kann gar nicht richtig abschätzen, wie weit die literarischen Einflüsse reichen, und was bei dem einzelnen Autor möglich ist, was nicht, wenn man nicht fortwährend diese Thatsache vor Augen hat, wenn man nicht zugleich sich bestimmte Vorstellungen von jenem Gemeinbesitze bildet, oder, was im Grunde dasselbe ist, stets die religionsgeschichtliche Entwickelung in Betracht zieht. Die Literarkritik pflegt dagegen die verglichenen Schriften zu isolieren, mithin unter einem sehr engen Gesichtswinkel zu betrachten: natürlich findet sie dann leicht, wo sie sucht.

Auch für die neutestamentliche Theologie sind manche hieraus entspringende Fehlgriffe zu verzeichnen. So werden noch immer ganz harmlose Aussagen Späterer über den Glauben — ich denke hier nicht an Jakobus — sofort als eine Nachwirkung, eine Abblassung oder halbe Ablehnung der paulinischen Lehre vom Glauben verstanden. Ebenso darf (z. B. im

Lukasevangelium) nur von göttlicher Gnade und Barmherzigkeit die Rede sein, um paulinischen Einfluss wahrzunehmen. Als wenn nicht schon jüdische Schriften genug Worte über Glauben und Gnade enthielten, die mindestens ebenso paulinisch klingen. In anderen Fällen, wo bestimmte Vorstellungen aus einzelnen Stellen oder mit aus ihnen abgeleitet werden, vermissen wir nur zu sehr jede greifbare Angabe darüber, wie denn die Vorstellung aus der Stelle entstanden sein soll: die Psychologie, die hier doch ein Wort mitzureden hätte, scheint gänzlich suspendiert zu sein [1]).

Doch dergleichen beruhe hier auf sich. Viel wichtiger als die Erkenntnis solcher Unvorsichtigkeiten und Übereilungen scheint mir die Einsicht, dass man [2]) der Literarkritik in der neutestamentlichen Theologie überhaupt eine Rolle zuweist, die ihr einfach nicht zukommt.

Auch wo es sich um richtige literarkritische Beobachtungen handelt, ist damit ja noch gar nichts ausgesagt über ihre Bedeutung. Nicht einmal über die Bedeutung, die die Entlehnungen und Abhängigkeiten für den Autor haben: ein Schriftsteller, der viel von Paulus entlehnt, kann z. B. sehr wohl weniger mit ihm verwandt sein als einer, der weniger übernimmt. Vollends nicht über ihre allgemeine geschichtliche Bedeutung: darüber kann nur religionsgeschichtliche Schätzung entscheiden. Gerade auf diese Bedeutung aber käme für die neutestamentliche Theologie alles an. Denn Ähnlichkeiten und Unterschiede [3]), die für die Geschichte der Gedanken unwichtig sind — und derart sind weitaus die meisten Ähnlichkeiten und Unterschiede, die man aufweisen kann — gehen sie gar nichts an. Das mikrologische Vergleichen und Unterscheiden verschiedener Autoren ist gerade ebenso vom Übel wie der Kleinkram der Begriffsunterschiede bei demselben Autor. Auch hier gehören die Schnitzel unter den Tisch. Die Literarkritik

---

1) Einige Beispiele werden unten 32 Anm. 1 erwähnt.

2) Dies gilt natürlich keineswegs für alle Lehrbücher.

3) Die Neigung gerade Unterschiede und Widersprüche hervorzuheben, auch wo sie nichts austragen, wird teilweise auch durch den Gegensatz gegen eine dogmatisch bestimmte Harmonistik genährt, einen Gegensatz, der ja sehr begreiflich, aber eben doch selbst dogmatischer Art ist.

aber verleitet nur zu sehr zu einer falschen Aufmerksamkeit auf diese Dinge und zu einer starken Überschätzung.

Damit ist einer über die Dinge hingleitenden, sich auf grosse vues und oberflächliche Umrisse beschränkenden Behandlung gewiss nicht das Wort geredet. Wo das Detail charakteristisch und belangreich ist, kann man es gar nicht gründlich genug verwerten. Was ich als Mikrologie bekämpfe, ist nur die gleichmässige Berücksichtigung des Details ohne gehöriges Bewusstsein von dem Unterschiede des geschichtlich Wichtigen und Unwichtigen.

Doch noch eins. In einer lebendigen Religion ist fast jede bedeutsame Wandlung der Anschauungen durch religionsgeschichtliche Processe und nur zum geringsten Teile durch den Einfluss der Lectüre bedingt. Mithin erfordert sie auch eine religionsgeschichtliche, nicht blos eine literarische Erklärung. Die Literarkritik verdeckt dies. Abgesehen davon, dass sie oft ungenügende Erklärungen liefert, erwecken die vielen Hinweise auf Abhängigkeit der späteren von den früheren Autoren leicht den Schein, als ob damit für die historische Erklärung der Anschauungen und ihrer Veränderungen schon etwas Wesentliches geleistet sei.

Dass die Methode der literarischen Vergleichung für die neutestamentliche Theologie auch eine positive und immerhin keine ganz geringe Bedeutung hat, z. B. eine Reihe wichtiger Vorfragen über den Charakter und das Verhältnis der literarischen Dokumente entscheiden hilft, ihr Teil dazu beiträgt, den geschichtlichen Einfluss eines Mannes wie Paulus zu ermessen oder im Einzelnen auf charakteristische Wandlungen der Gedanken aufmerksam zu machen weiss, wird natürlich mit all diesen Bemerkungen keineswegs bestritten.

Ein vierter Fehler der in Rede stehenden Methode ist endlich, dass sie die neutestamentliche Theologie als eine Succession von einzelnen Lehrbegriffen, s. z. s. eine Summation von lauter kleinen biblischen Theologien auffasst, die höchstens durch eine chronologische Anordnung und gelegentliche Vergleiche und Rückblicke in Beziehung zu einander gesetzt werden. Trotzdem hierin gern das eigentlich Wissenschaftliche des Verfahrens gesehen wird, muss man behaupten, dass es den Ansprüchen, die wir an eine wirkliche Geschichtsdarstellung machen müssen, keineswegs genügt, ja zum guten Teil den Verzicht auf solche Geschichtsdarstellung bedeutet.

Dieser Punkt verlangt eine eigene gründliche Besprechung; denn er ist von entscheidender Bedeutung. Zuvörderst mag noch ein Rückblick auf das bisher Dargelegte gestattet sein.

Ich setze folgenden Fall. Wir befinden uns im Jahre 3897. Wir interessieren uns für die sozialdemokratische Bewegung in unserm 19. Jahrhundert. Ein grosser Teil der sozialdemokratischen Literatur ist verloren gegangen. Immerhin haben wir noch eine ansehnliche Zahl von Quellen. Vor uns liegen zwei populäre Biographien von Lassalle, eine wissenschaftliche Schrift von Marx, einige Briefe von Lassalle, von Engels und ein paar unbekannten agitatorisch thätigen Arbeitern, dann einige Flugblätter, zwei oder drei Seiten lang, und schliesslich eine sozialistische Brandschrift mit einer Schilderung des Himmels auf Erden, wie ihn der Sozialismus sich ausmalt. Also einigermassen eine Literatur wie die des Neuen Testaments. Nun wollen wir auf Grund davon die Anschauung der Sozialdemokratie, ihren Ideengehalt und dessen älteste Entwicklung zur Darstellung bringen. Wir thun das so. Wir vergewissern uns über die zeitliche Folge der Schriftstücke. Wir behandeln dann jedes für sich, Marx oder Lassalle stellen wir in eine Reihe mit allen übrigen, nur behandeln wir sie ausführlicher. Bei allen schlagen wir das gleiche Verfahren ein. Bei Marx fragen wir natürlich: was versteht er unter Arbeit, Produktion, Mehrwert u. s. w.? Aber auch bei den Flugblättern und Briefen untersuchen wir den Begriff der Bourgeoisie, des Proletariats, die Vorstellung von seiner »Enterbung«, die Schwankungen im Begriffe der Arbeit oder der Genossenschaft. Vielleicht gelingt es uns auch festzustellen, dass in einem Blatte der Begriff Besitz ganz das Gleiche bedeutet wie der Begriff Eigentum, dass in der Brandschrift zweifellos Lassalle'sche Gedanken und Wendungen und — höchst seltsam — auch Einflüsse Darwins, sowie geringere Nietzsches — viermal ist vom »Kampf ums Dasein«, zweimal von »Anpassung«, einmal von der »Herrenmoral« die Rede — zu spüren sind, und dass ein andrer Autor eine ganz besondere Vorliebe zeigt für den Gedanken der Agitation — er ist offenbar »der Sozialist der Agitation«. In dieser Weise erheben wir peinlich genau die Gedanken jeder Schrift, reihen säuberlich mit demselben Phlegma Untersuchung an Untersuchung, ordnen alles hübsch nach Hauptgesichtspunkten, und das ganze Werk überschreiben wir dann: »Die Ideen der Sozialdemokratie in der Ursprungsepoche«.

Ist das nun eine Karrikatur? Man mag darüber verschieden denken. Genug, wenn man zugiebt, dass die Lehrbegriff-Methode zur Karrikatur reizt.

Ich habe von der »herrschenden« Methode gesprochen. Das bedarf der Erläuterung. Mir lag daran, eine Art Normaltypus der Methode zu beschreiben, wie ihn etwa das Lehrbuch von Weiss [1]) darstellt. In dieser Art kann man nun die Methode nicht einfach herrschend nennen. Kritik an manchen ihrer Eigentümlichkeiten ist längst laut geworden [2]), es giebt biblisch-theologische Monographien, die von ihren Verirrungen gänzlich frei sind, und schon auf eine Darstellung, wie sie die nachgelassenen Vorlesungen Baurs über neutestamentliche Theologie geben, würde die gegebene Schilderung sicher nicht passen. Aber gewisse Grundzüge und Fehler der Methode herrschen doch bis weit hinein in die Reihen derer, die sich von ihren Gebrechen, namentlich weil sie mit der Trennung von Dogmatik und biblischer Theologie vollen Ernst machen, am meisten frei gemacht haben.

Es liegt nahe, hier des zweibändigen Lehrbuchs von H. J. Holtzmann zu gedenken, das soeben vollendet worden ist. Man durfte die Ankündigung dieses Buches mit Freuden begrüssen. Bisher war der Lernende zunächst auf das weitverbreitete Werk von Weiss und das jüngere von Beyschlag gewiesen. Das Lob der Sorgfalt und höchst gründlichen Arbeit wird dem Weiss'schen Werke niemand vorenthalten, und dass es im Einzelnen manches Richtige und Lehrreiche enthält, wird man gern anerkennen. Aber — wenn es noch nötig ist — es muss doch offen gesagt werden, dass man »neutestamentliche Theologie« aus ihm nicht lernen kann. Wir verlangen von einer neutestamentlichen Theologie, dass sie uns die Eigentümlichkeit der urchristlichen Gedanken und Empfindungen in aller Schärfe

1) Doch denke ich bei dem über die Literarkritik Bemerkten nicht an ihn.

2) Einzelne Bedenken auch bei Deissmann.

zur Anschauung bringt und sie uns geschichtlich verstehen lehrt. Das Weiss'sche Lehrbuch verwischt das Charakteristische und Eigenartige fast allenthalben, sodass niemand die entscheidenden Punkte erkennen kann, es reiht einzelne Kapitel ganz äusserlich und beziehungslos aneinander, es stellt die Anschauungen des Neuen Testaments durchweg auf den Isolierschemel und, um von seiner kritischen Grundlage und der scholastischen Pedanterie der Darstellung zu schweigen, wo wehte uns aus ihm der frische Hauch des wirklichen Lebens an?[1]) Das gewandt, frisch und warm geschriebene, auch von manchem Ballast — denn Ballast ist für eine biblische Theologie das viele exegetische Detail — befreite, überhaupt sich freier bewegende, in andrer Beziehung freilich hinter Weiss wieder zurückstehende Buch von Beyschlag giebt ebenfalls keine treue Reproduktion der urchristlichen Religion und Theologie: der Verfasser trägt viel zuviel von seinem Eigenen ins Neue Testament hinein, er modernisiert[2]) und glättet sehr stark und geht über die wichtigsten geschichtlichen Probleme zu oft mit gefälliger Leichtigkeit hinweg.

Diesen Büchern gegenüber ist Holtzmanns Werk unzweifelhaft eine höchst erfreuliche Bereicherung der Literatur. Was geschichtlichen Sinn betrifft, vielseitige Beleuchtung der geschichtlichen Zusammenhänge im Grossen und im Kleinen, scharfe, adäquate Erfassung des eigentümlich-urchristlichen Vorstellens und Denkens, Empfindung für den Unterschied des Lehrhaften und Erbaulichen, des Religiösen und Theologischen, so überbietet es beide Werke fast allenthalben.

Gleichwohl kann ich in ihm das Ideal einer neutestamentlichen Theologie nicht verwirklicht finden. Von Ergebnissen,

---

1) Man vgleiche die Beurteilung des Werks bei Holtzmann I, 11 ff., sie ist mir grösstenteils aus der Seele geschrieben; nur kann ich das Buch formell nicht so »mustergiltig« finden wie Holtzmann.

2) In seiner Vorrede XVI ff. nimmt Beyschlag zu diesem Vorwurfe Stellung. Es ist danach sein Bemühen, die Sprache des Neuen Testaments aus ihrer altertümlichen und darum fremdartig gewordenen Form in die Denk- und Sprachformen von heute zu übersetzen. Diesem Übersetzen stellt er das Sichabarbeiten an der zeitlichen Schale gegenüber. Fast scheint es, als ob man ohne das »Übersetzen« Kern und Schale nicht scheiden könnte.

die mir anfechtbar scheinen, sehe ich dabei ganz ab, ebenso von Fragen der Form — m. E. ist z. B. die Darstellung viel zu stark durch die Rücksicht auf allerlei fremde Meinungen bestimmt —; zum guten Teile liegen meine Bedenken gerade in der Richtung dieser methodologischen Erörterungen. Dass Holtzmann wirklich mit der Lehrbegriff-Methode genügend gebrochen und die Aufgabe der neutestamentlichen Theologie richtig gestellt habe, kann ich nicht zugeben. In manchen Partien des Werkes werden die geschilderten Eigentümlichkeiten der literarkritischen Behandlungsweise stark bemerkbar[1]).

1) Müssen die Stellen Act. 14, 16. 17. 17, 26 ff. gerade »Erinnerung an die Naturoffenbarung Röm. 1, 19. 20« (I, 459) enthalten? Ist es Nachwirkung von Röm. 1, 4, wenn Act. 13, 32 die Gottessohnschaft Christi mit der Erhöhung beginnt? (Ebenda). Wiefern ist es notwendig, im Bilde des Abraham Hebr. 6, 13—18. 11, 8—19 paulinischen Hintergrund zu erkennen? (II, 306). Ist etwa nicht längst vor Paulus Abraham das Urbild des Glaubens in der jüdischen Theologie gewesen? (Vgl. m. Untersuchungen zum 1. Klemensbriefe 1891, 69[2], 71[4]. Stellen wie 1. Makk. 2, 52: Ἀβραὰμ οὐκ ἐν πειρασμῷ εὑρέθη πιστός, καὶ ἐλογίσθη αὐτῷ δικαιοσύνη; oder auch wie die von ihm selbst II, 340[4] 342[1] angeführten würde Holtzmann zweifellos für paulinisch erklären, wenn sie im Neuen Testamente ständen). Die johanneische δόξα soll durch 2. Kor. 3, 7 ff. mitzuerklären sein (II, 452), die synoptische Verklärungsgeschichte ohne denselben »Midrasch vom Erglänzen des vom Sinai kommenden Moses« nicht dasein können? (I, 424; Handkomm. z. Mc. 9, 2 ff. werden die alttestamentlichen Farben der Verklärungsgeschichte hieraus abgeleitet). Der johanneische terminus μονογενής soll mit dem ἴδιος υἱός Röm. 8, 32 und gar auch noch mit dem Gebrauch des Wortes bei Lukas 7, 12 u. s. in Verbindung stehen? (II, 433, 436 ff.) Wenn der johanneische Christus 7, 18. 8, 46 »Selbstbekenntnisse zur Sündlosigkeit« ausspricht, so geschieht das »im Anschlusse« an 2. Kor. 5, 21? (II, 445.) Und wenn Jesus von der apostolischen Gemeinde überhaupt Sündlosigkeit zugeschrieben wird, »so lag Anlass dazu in Sprüchen, darin er vor dem Richten Anderer warnt Mt. 7, 1. 2 = Luk. 6, 37, während er sich selbst der Qualifikation zur Beteiligung am zukünftigen Gericht bewusst ist Mc. 8, 38. 13, 27 u. s. w.« (I, 269)? Ich meine, eine Idee wie die der Sündlosigkeit Jesu durch eine Art Schlussfolgerung aus einzelnen Sprüchen entstehen zu lassen, ist ein unglücklicher Gedanke, und mit der Vorstellung, als ob in allem, was bei Späteren an Paulus erinnert, nur Paulus die eigentliche Quelle sein könne, und als ob diese Späteren überall paulinische Stellen im Kopfe gehabt und über sie meditiert hätten, müssen wir gänzlich brechen.

In der Art könnte noch manches beigebracht werden. Allein

Dem Zuviel an Literarkritik korrespondiert ein Zuwenig an wirklich geschichtlicher, religionsgeschichtlicher Auffassung und Erwägung [1]). Namentlich aber muss hier betont werden, dass

ich betone auch hier: viel mehr als die einzelnen Fehler, die immerhin in dem Ganzen zurücktreten, bedeutet für dieses Ganze, dass überhaupt die literarische Vergleichung und die mit ihr verbundene Betrachtungsweise so im Vordergrunde steht. Man lese z. B. eine Partie wie den Abschnitt über den Epheserbrief. Die unzähligen kleinen Vergleiche zwischen dem Epheser- und Kolosserbriefe und sonstigen Paulusbriefen mögen bei der Behandlung eines Einleitungsproblems am Platze sein; was sollen sie in einer biblischen Theologie? Ebenso hat der Nachweis, dass im Lukasevangelium paulinische Anschauungen nachklingen, für eine Geschichte des urchristlichen Glaubens im Grunde nicht viel mehr Interesse als für eine Geschichte der Theologie im 19. Jahrhundert der Nachweis, dass der und der Theologe dritten Ranges Schleiermachersche Einflüsse verrät. Aber die literarischen Vergleiche stellen sich ja keineswegs blos an solchen Punkten ein, wo doch immerhin noch ein für die einzelne Schrift nicht unwichtiges Problem vorliegt, sie sind vielmehr der ständige Einschlag. — Abgesehen von der Literarkritik finden wir auch sonst in Holtzmanns Werk eine grosse Fülle belangloser Dinge besprochen, wogegen wichtige Fragen fehlen oder zu kurz kommen.

1) Hier nur einen kleinen Beleg dafür. Im Folgenden suche ich bei Gelegenheit eine Reihe weiterer zu geben.

Die Idee des Epheserbriefs, dass Christus durch seinen Tod die Scheidewand zwischen Juden und Heiden beseitigt, nennt H. (II, 228 ff.) den »weittragendsten und originellsten aller Gedanken« des Verfassers.

Der Epheserbrief nimmt wie andere Schriften an der Frage nach dem Verhältnis der Juden und Heiden dem Heile gegenüber ein theoretisches Interesse. Das Gesetz war ursprünglich das, was sie trennte. Da nun aber — ein paulinischer Gedanke — durch Christi Tod das Gesetz beseitigt ist, so ist der Gegensatz zwischen ihnen weggefallen, und die einen stehen dem Heile so nahe wie die andern. Christi Tod gewinnt also durch eine leicht verständliche Reflexion die Bedeutung, Frieden zwischen Heiden und Juden zu stiften. Ich lege kein Gewicht darauf, dass Holtzmann diese Entstehung der Vorstellung wohl schärfer hätte nachweisen können; sicher hat er sie richtig analysiert und richtig ihre paulinische Grundlage hervorgehoben. Aber über ihre geschichtliche Bedeutung kommt man jedenfalls durch seine Erörterung nicht zur Klarheit. M. E. musste klargestellt werden, dass diese Vorstellung vom Tode Christi, so prägnant sie ist, geschichtlich einflussreich nicht gewesen sein kann. Sie hat überhaupt nur Giltigkeit innerhalb dieser theoretischen Reflexion über das Verhältnis zwischen Heiden und Juden. Für den, der sich hierum nicht viel kümmerte, auch Holtzmann jeden einzelnen Schriftsteller gesondert behandelt hat[1]. Hiermit stehen wir wieder vor dem Thema, das schon oben aufgestellt wurde.

3.

Holtzmann stellt der neutestamentlichen Theologie die Aufgabe, den religiösen und sittlichen Gehalt der kanonischen Schriften des Neuen Testaments wissenschaftlich darzustellen oder die daraus erkennbare religiös-sittliche Gedankenwelt wissenschaftlich zu rekonstruieren[2]. Ich würde dem gegenüber sagen: die Disziplin hat die Geschichte der urchristlichen Religion und Theologie darzustellen. Man wird das vielleicht für ziemlich identisch halten[3], abgesehen von der Frage, ob die Grenze des Neuen Testaments überschritten werden darf. Allein genau betrachtet liegt doch eine viel erheblichere Differenz darin, dass das eine Mal die Aufmerksamkeit auf den Inhalt von Schriften gelenkt wird, das andere Mal lediglich auf eine Sache. Hält man beides für gleichbedeutend, so beweist das nur, wie sehr bei uns das literargeschichtliche Interesse das geschichtliche überwiegt[4].

---

existierte sie gar nicht. Und es ist noch sehr die Frage, was sie dem Autor des Epheserbriefs selbst bedeutete. Dass er den Heilserfolg des Todes Christi noch ganz anders auszudrücken wusste, muss als sicher gelten; denn er hat von einem solchen doch auch abgesehen von jener Reflexion gewusst; dass es sich hier mehr um eine durch das besondere Thema hervorgerufene Deutung als um eine dem Verf. allezeit gleich wichtige Idee handelt, ist wenigstens sehr möglich.

1) Vgl. jedoch unten 41 Anm. 1.

2) I, 22.

3) Auch Holtzmann redet (im Gedanken an die Beseitigung der neutestamentlichen Grenzen der Disziplin) gelegentlich von »urchristlicher Religionsgeschichte« I, 25.

4) Zum Teil erklärt sich das ja aus der Art, wie die neuere Wissenschaft vom Neuen Testamente entstanden ist, aber doch nur zum Teil. — Wenn Harnack jüngst (Die Chronologie der altchristl. Literatur bis Eusebius I, p. XII) — freilich mit Bezug auf eine andern Gegensatz als den hier in Frage stehenden — geschrieben hat: »In der Geschichte, nicht in der Literaturkritik, liegen die Probleme der Zukunft«, so ist das eine freudig zu begrüssende Parole.

Was suchen wir eigentlich? Letztlich wollen wir doch jedenfalls wissen, was in der Urzeit des Christentums geglaubt, gedacht, gelehrt, gehofft, gefordert und erstrebt worden ist, nicht aber, was bestimmte Schriften über Glauben, Lehre, Hoffnung u. s. w. enthalten. Identisch wäre beides nur, wenn die Vorführung des Gehalts von Schriften bezw. der Anschauungen von Schriftstellern der einzige oder doch der beste Weg wäre, uns die Geschichte des Glaubens und der Lehre selbst anschaulich zu machen. Selbstverständlich ist das ohne Zweifel nicht, obwohl es als selbstverständlich zu gelten scheint. Wer wird sagen, es sei die Aufgabe der Dogmengeschichte oder eines ihrer Abschnitte, »den Gehalt der betreffenden Literatur« darzustellen?

Ein Abschnitt aus der Geschichte der Philosophie lässt sich — es ist das freilich nicht die einzig mögliche Weise — behandeln, indem man die einzelnen Systeme der einander folgenden Philosophen successive entwickelt. Der Grund ist, dass wirklich das Auftreten selbständiger Denker und die Aufstellung geschlossener Systeme als der Hauptinhalt dieser Geschichte betrachtet werden kann. Eine Geschichte des Glaubens und der Theologie im Urchristentume darf nicht analog verfahren. Deshalb nicht, weil hier, Ausnahmen abgerechnet, die Persönlichkeiten der Schriftsteller oder die Schriften als solche nicht wichtige, sondern sehr untergeordnete Erscheinungen sind.

Wann darf, wann muss die Anschauung eines einzelnen Schriftstellers einen Platz in der Darstellung der urchristlichen Entwicklung verlangen? Ohne Zweifel dann, wenn er mit seinen Gedanken epochemachend auf die Kirche gewirkt hat. In zweiter Linie dann, wenn er, obwohl von nicht so umfassender Wirkung, doch eine geistig hervorragende Persönlichkeit war, die eine überwiegend eigentümliche und selbständige Glaubensanschauung zu erzeugen vermochte. Vielleicht aber auch dann noch, wenn er, ohne gerade ein bedeutender Geist zu sein, doch eine sehr ausgeprägte Eigenart zeigt, eine nicht blos durch einzelne Besonderheiten, sondern im Ganzen charakteristische und dabei historisch fassbare Erscheinung ist. Dies wäre aber auch das Mindeste, was man fordern muss.

Sehen wir nun auf die urchristliche Literatur.

Nehmen wir den 1. Petrusbrief, die lukanischen Schriften, Markus und Matthäus, soweit sie nicht blos die Tradition kodifizieren, den 1. Klemensbrief, den Jakobusbrief, die Didache, die Pastoralbriefe, den 2. Petrus- und den Judasbrief, den Brief des Polycarp, sowie den Hirten des Hermas. Von den Verfassern dieser Schriften wissen wir grösstenteils nichts oder so gut wie nichts. Es können und werden Persönlichkeiten darunter gewesen sein, die in kleinerem Kreise etwas bedeuteten, andere vielleicht, von denen kaum das gilt. Aus keiner dieser Schriften spricht eine Individualität, die wir, auch ohne ihren Namen zu kennen, ohne Weiteres als eine im religionsgeschichtlichen Prozesse epochemachende oder auch nur einigermassen hervorragende betrachten könnten. Keine vertritt auch nur *eine* für die Gesamtentwicklung bedeutsame Anschauung in so einseitiger Stärke und in einer Art, dass wir urteilen müssten: durch diese Schrift ist die Idee massgebend geworden, durchgedrungen oder gar geschaffen. Ja alle diese Urkunden, so bestimmte Unterschiede nach Inhalt und Zeitlage zwischen ihnen vorhanden sind, zeigen so wenig Eigenart, dass das, was ihnen etwa eigentümlich ist, völlig verschwindet gegenüber dem, was als Gemeingut weiterer Kreise oder der ganzen Kirche gelten muss. Wie hoch auch ihr erbaulicher Wert sei, wie schätzbar sie als Quellen sein mögen, historisch betrachtet enthalten sie Durchschnittschristentum.

Demnach gehen diese Schriften und ihre Verfasser die neutestamentliche Theologie gar nichts an. Ist ja doch auch die Dogmengeschichte nicht verpflichtet, all die Schriften von Bischöfen zu würdigen, die gänzlich von den Gedanken anderer oder der Allgemeinheit gelebt haben. Den Gedankengehalt der Pastoralbriefe u. s. w. darstellen heisst daher *nur eine Vorarbeit für die neutestamentliche Theologie thun, Rohmaterialien sammeln*, die der wirklich historischen Verarbeitung erst noch bedürfen.

Der Epheserbrief, den ich für paulinisch nicht halten kann, zeigt wohl mehr Eigentümlichkeiten als die genannten Schriften, namentlich mehr Spekulation, aber er gehört im Grunde doch auch in jene Reihe. Eine in höherem Sinne selbständige und individuelle Auffassung repräsentiert er nicht

Anders scheint es mit der Apokalypse, dem Hebräerbriefe und dem Barnabasbriefe zu stehen.

Die Apokalypse ist ja im Neuen Testamente ein einzigartiges Buch, für die geschichtliche Würdigung ist sie aber nur ein Exemplar einer weitverbreiteten Literaturgattung und zwar einer Gattung, zu deren Art es gehört, den apokalyptisch-eschatologischen Stoff nicht sowohl zu schaffen als vielmehr der Tradition zu entnehmen und im Einzelnen weiter zu bilden [1]. Auch abgesehen hiervon jedoch und abgesehen davon, dass das Buch literarisch schwerlich eine Einheit bildet, kann es als Zeugnis einer eigentümlichen religiösen Gesamtauffassung nicht betrachtet werden. Die Apokalypse hat es nur mit einer einzelnen, wenn auch sehr wichtigen Seite der christlichen Anschauung zu thun, ihr Stoff wird Bedeutung haben für das Kapitel von der Zukunftserwartung, der Verfasser aber und seine persönliche Eigentümlichkeit ist für die neutestamentliche Theologie ziemlich gleichgiltig.

Der Autor des Hebräerbriefs war ohne Zweifel ein sehr gebildeter Christ. Man darf ihn auch einen Theologen nennen. Ein Durchschnittschrist vermochte solchen Brief nicht zu schreiben. Dazu gehörte Kunst, die höhere Kunst der Schriftdeutung und Schriftverwertung. Es hat ja etwas durchaus Studiertes und Systematisches, wie er den Alten Bund mit dem Neuen zu parallelisieren weiss. Auch im Übrigen finden sich theologische Elemente. Trotz alledem kann auch dieser Brief nicht verlangen, dass sein Inhalt zusammenhängend und gesondert vorgeführt werde. Sein eigentliches Thema — die Herrlichkeit des Neuen Bundes gegenüber dem Alten — ist doch ein sehr beschränktes, eben nur e i n einzelnes Thema. Und dies Thema ist mehr ein Thema der Gelehrsamkeit und der Theorie als des eigentlichen religiösen Lebens. Dass diese Ausführungen die allgemeine theologische und religiöse Signatur der Zeit irgend wesentlich bestimmt hätten, ist durch die Sache selbst ausgeschlossen, so gewiss der Brief von früh an eben um seiner Kunst, seiner Gnosis willen mit hoher Achtung behandelt worden sein wird. Im Übrigen lässt sich auch ihm trotz interessanten Detail eine wirklich eigentümliche An-

1) Vgl. das angeführte Werk Gunkels.

schauung vom ganzen Christentum als Religion und Lehre nicht abgewinnen. Sein religionsgeschichtlicher Wert liegt darin, dass er bedeutsames Material liefert für die urchristliche Beurteilung der alttestamentlichen Religion, die Methode der Schriftauslegung, die Einflüsse des Alexandrinismus, auch die Entwickelung der Christologie.

In vieler Hinsicht ähnlich ist der s. g. Barnabasbrief zu beurteilen.

Es bleiben nur noch wenige konkrete Grössen übrig. Ausser der Kontroverse steht, dass die Predigt Jesu und ebenso das Christentum und die Theologie des Paulus eine selbständige und möglichst eindringende Behandlung verlangt. Dagegen hat es ein gewisses Interesse, die Sache für das Johannesevangelium, mit dem die johanneischen Briefe auf alle Fälle eng zusammengehören, noch ausdrücklich zu erörtern.

Die Voraussetzung des Unternehmens eine »johanneische Theologie« darzustellen ist natürlich, dass das Evangelium keine geschichtliche Schrift im gewöhnlichen Sinne ist, dass vielmehr in seiner Geschichtserzählung sich die Theologie des Verfassers darstellt. Ich finde es am zutreffendsten, es eine Lehrschrift in Evangelienform zu nennen, und zwar eine polemisch-apologetische Lehrschrift. Den Verfasser kennen wir m. E. nicht, trotzdem er ohne Zweifel ein bedeutender Mann war.

Über die unmittelbare geschichtliche Wirkung seines Werkes lässt sich nun wenig genug sagen. Es ist noch sehr die Frage, ob die verwandten Ideen, die sich bei den apostolischen Vätern finden, für den Einfluss des Evangeliums zeugen oder für einen Gemeinbesitz, den auch das Evangelium schon vorfand. Wären sie aber auch aus dem Evangelium geschöpft, so würden sie nicht gerade viel beweisen. Im Übrigen darf man — abgesehen von der montanistischen Bewegung — eine Wirkung des Evangeliums wohl vermuten, kann sie aber nicht aufzeigen. Um so sicherer ist, dass die johanneischen Schriften aus den vorhandenen Überresten der urchristlichen Literatur sich im Ganzen ungemein deutlich durch ihren besondern Charakter, ihre eigenartige religiöse Sprache, ihre Weltanschauung herausheben. Damit scheint eine selbständige johanneische Theologie ohne Weiteres gegeben. Allein in Wahrheit beginnt hier erst die Frage.

Müssen denn die Anschauungen des Evangeliums schon darum, weil sie uns vorher in der Literatur nicht begegnen, auf Rechnung seines Verfassers kommen? Wenn nun die christliche Atmosphäre, in der er atmete, der uns unbekannte Boden, aus dem das Evangelium so eigenartig auftaucht, bereits erfüllt war von Elementen der christlichen Sprache, die es selber redet, von »johanneischen« Vorstellungen und Gedanken? Ich streife damit ein Problem, das man, wenn man es nicht lösen kann, jedenfalls empfinden muss. Es berührt sich nahe mit dem Problem, das schliesslich für das historische Verständnis des Evangeliums das entscheidende ist, mit der Frage nach der Herkunft und der Entstehung der johanneischen Begriffswelt[1]). Es ist beides freilich auch wieder wohl zu unterscheiden. Das eine Mal suchen wir den fremden Boden zu bestimmen, aus dem Anschauungen hervorgewachsen sind, die uns von urchristlichen (incl. paulinischen) Prämissen aus nicht verständlich sind und doch eine Erklärung verlangen, bezw. den religionsgeschichtlichen Sinn, in dem solche Anschauungen für das Christentum angeeignet sind (z. B. Logos): hierfür ist die Frage, ob der Verfasser des Evangeliums zuerst oder schon andere Christen vor ihm solches Gut geführt haben, irrelevant. Das andere Mal — das ist unser Fall — fragen wir gerade, ob der Evangelist in dem, was wir das eigentümlich Johanneische zu nennen pflegen, schon christliche Vorgänger gehabt hat oder nicht: hierfür ist es natürlich sehr wichtig, ob jener fremde Boden anzunehmen ist oder nicht.

Dass nun bei weitem nicht alles, was gemeinhin dafür gilt, das individuelle Eigentum des Verfassers gewesen ist, würde nicht schwer zu zeigen sein. Ich rechne dahin z. B. die sehr eigentümliche Verwendung der Begriffe Licht und Finsternis, Tod und Leben u. s. w. Man kann allen Sinn für originale Persönlichkeiten haben und doch behaupten, dass solche Besonderheiten der religiösen Sprache nicht von einem

1) Mit dem Hinweise auf Paulus ist hier sehr wenig erklärt, so gewiss der Paulinismus zu den Voraussetzungen der johanneischen Theologie gehört, und m. E. hat Harnack (93) auch Recht, wenn er bemerkt, dass die Verweisung auf Philo und den Hellenismus keineswegs ausreiche.

Einzelnen geschaffen werden. Denn gerade in der Prägung des Begriffsmaterials pflegt im Allgemeinen das Originale der originalen Geister viel weniger zu liegen als in dem, was sie aus diesem Materiale machen. Wie steht es aber mit der Christologie, dem eigentlichen Mittelpunkte dieser Theologie? Hat der Evangelist z. B. die Anschauung von Christus als dem Bringer der Wahrheit und dem Offenbarer des unzugänglichen Gottes zuerst in der Weise formuliert, wie er es thut, oder waren andere vor und neben ihm, die dasselbe thaten? Die Antwort kann dahingestellt bleiben. Es soll lediglich betont werden, dass es keine so ganz leichte Sache ist, im Evangelium zu sondern, was Erbe und was Eigenbesitz ist.

Dagegen soll die Berechtigung einer gesonderten Behandlung der johanneischen Theologie keineswegs im Ernste bezweifelt werden. Sie ist sogar zu fordern. Selbst wenn der Verfasser vieles vorträgt, was ihm nicht ausschliesslich gehört, fällt damit seine hervorragende Bedeutung keineswegs hin, ist er auch auf alle Fälle weder ein so reicher noch ein so schöpferischer Geist gewesen wie Paulus. Er hat doch jedenfalls auch das Übernommene erst zu dieser bedeutenden Einheit zusammengefasst und es eigenartig gestaltet. Schon die Art aber, wie er seine Lehren im Geschichtsbilde Jesu niedergelegt hat, die vielen stereotypen Züge, die reichlich hervortretende Manier, die nur aus der Individualität des Erzählers begriffen werden kann, nicht minder sodann der im Evangelium selbst enthaltene Hinweis auf die Neuheit seiner Gedanken[1]), weist darauf hin, dass sein persönlicher Anteil an seiner Theologie bedeutend sein muss. Aber selbst wenn er es nicht wäre, so wäre der Verfasser eben als der typische Repräsentant eines Kreises, mit dem er die besondern Anschauungen teilte, nicht minder einer besondern Würdigung in der Geschichte sicher.

Eine solche gebührt, wenn auch in andrer Weise und aus andern Gründen, wohl auch dem Ignatius, ihm zum Wenigsten eher als allen andern oben genannten Autoren. Nicht als hätte er eine ungewöhnliche Wirkung gehabt oder zusammenhängende theologische Gedankenreihen entwickelt. Aber er ist eine ungemein charakteristische und für uns nach

---

1) 16, 12 ff. S. Weizsäcker, Apost. Zeitalter [1] 537 f.

vielen Seiten besonders deutliche Verkörperung persönlichen Christentums am Beginne des zweiten Jahrhunderts. Ob man gut thut, eine alle Einzelheiten erschöpfende »Theologie des Ignatius« herzustellen, darf bezweifelt werden. Aber etwas wie ein Charakterbild seiner Denkweise, das die bezeichnenden Züge heraushebt, muss man wünschen.

Wir kehren zum Ausgangspunkte dieser Übersicht zurück. Wenn es nicht darauf ankommen kann, einen Lehrbegriff des Epheser-, Jakobus-, Hebräerbriefs, der Apokalypse u. s. w. zu entwerfen oder ihren Gedankeninhalt erschöpfend darzulegen, so kommen offenbar alle die genannten Schriften lediglich als *Zeugen* mehr oder weniger allgemein verbreiteter, wenn auch hier und da individuell ausgeprägter Gedanken, Stimmungen, Interessen in Betracht. Ihre *positive Bedeutung* für die Disziplin ist: sie bieten *das Material, mit dessen Hilfe das hinter ihnen liegende älteste Christentum in seiner Physiognomie erfasst und in seiner geschichtlichen Entwicklung verdeutlicht wird.*

Massgebend für die Darstellung sind darnach an Stelle der Schriften die entscheidenden Gedanken, Probleme und geistigen Erscheinungen [1]). Die Bedeutung der wenigen

---

1) Mit besonderer Freude begrüsse ich es, dass Holtzmann auch seinerseits einen Ansatz zu der mir vorschwebenden Behandlungsweise gemacht hat, indem er hinter der Verkündigung Jesu den »theologischen Problemen des Urchristentums« ein besonderes Kapitel widmet. Er behandelt hier zwar zunächst nur den Glauben der ältesten judenchristlichen Gemeinde und hält auch hier noch viel zu sehr den literarischen Gesichtspunkt fest (vgl. den charakteristischen Übergang I, 349: »Wir wenden uns zunächst zu einem zweiten Werke des Autor ad Theophilum, zugleich aber auch zu den synoptischen Evangelien, sofern sie . . . als Andachts- und Lehrbücher in Betracht kommen«, sowie die besondern Abschnitte über Markus, Matthäus, Evangelium und Apostelgeschichte des Lukas und Apokalypse I, 419—476), aber er geht doch über die älteste Gemeinde auch mannigfach hinaus und behandelt doch eine ganze Reihe von Themen in geschichtlicher Weise und unter Heranziehung eines grösseren Materials. So findet sich eine zusammenhängende Betrachtung über die evangelische Lehrerzählung, über Theologumena wie Präexistenz, übernatürliche Geburt [warum nicht auch, was eng damit zusammengehört, Geistesempfang bei der Taufe?], Himmel- und Höllenfahrt, über Taufe und Herrnmahl, die Gnosis im Neuen Testamente, das »neue Gesetz« u. a. m. Diese

schöpferischen oder hervorragenden Persönlichkeiten muss dagegen durch besondere Darstellung ihrer individuellen Anschauungen gewahrt bleiben. Denn würde man diese gleichfalls nur als »Material« behandeln, so entspräche das natürlich ebensowenig der Sache, als wenn man die geschichtlich unwichtigen Autoren für sich nimmt[1]. Auch die Darstellung der Dogmengeschichte vereinigt beide Gesichtspunkte, den persönlichen und den sachlichen.

Nicht blos die geringe Bedeutung der meisten Schriftsteller nötigt dazu, die Vielheit der Lehrbegriffe oder die literarisch bestimmte, individualisierende Behandlungsweise aufzugeben. Dieselbe Forderung ergiebt sich, wenn wir von den Gedanken und Anschauungen ausgehen, die es vorzuführen gilt, und dies ist noch wichtiger.

Man sollte denken, es wäre die Aufgabe der neutestamentlichen Theologie, z. B. die urchristliche Eschatologie so deutlich wie möglich zur Anschauung zu bringen, die durchgehenden Grundzüge gegen die einzelnen Vorstellungen abzustufen und die Wandlungen aufzuzeigen, die bemerkbar werden. Will man dieser Aufgabe wirklich genügen, indem man bei jeder Urkunde die vorkommenden allgemeinen und besondern eschatologischen Aussagen registriert und ihr Verhältnis zum sonstigen Inhalte der Urkunde feststellt? Die Sache verlangt vielmehr dringend, den gesamten Stoff zusammen zu betrachten. Wie verkehrt muss es sein, alle Aussagen über die Taufe zu vereinzeln, wo es doch vor allem darauf ankommt, die ge-

---

Partien dürfen zum Wertvollsten in Holtzmanns Buche gerechnet werden, niemand wird sie ohne Gewinn und Genuss lesen. Mehr als ein »Ansatz« ist es freilich nicht. Denn es müssten doch noch sehr viel mehr Themen in dieser Art behandelt werden, die Behandlung aber streift vielfach nur die notwendigen geschichtlichen Erwägungen, ist zum Teil nur skizzenhaft und, wie gesagt, noch zu sehr von literarischen Rücksichten beeinflusst. — Erinnert sei hier auch an die entsprechenden ersten Abschnitte in Harnacks Dogmengeschichte. Sie sind vielleicht nicht gerade der gelungenste Teil des grossen Werkes, aber man schöpft aus ihnen mehr Anregung und wirkliche »biblisch-theologische« Einsicht als aus ganzen Lehrbüchern der neutestamentlichen Theologie.

1) Vgl. jedoch die Ergänzung unten 66 f.

schichtlich massgebenden Anschauungen über sie zu eruieren, zu zeigen, was man an ihr gehabt hat, und etwaige Entwicklungen nachzuweisen. Was soll es uns, zu erfahren, dass hier von der Sünde so, dort etwas anders geredet wird, wenn uns nirgends mitgeteilt wird, welche Rolle der Begriff Sünde im Ganzen in der urchristlichen Auffassung des Heils und des christlichen Lebens gespielt hat? So könnte man für jedes Kapitel und Kapitelchen fortfahren zu fragen. Unsere Voraussetzung ist dabei freilich im Gegensatze zur herrschenden Methode auch hier, dass der Typus sehr viel wichtiger ist als die Spielart, und dass die individuellen Auffassungen und Deutungen an den meisten Punkten ausserordentlich wenig bedeuten gegenüber den allgemeinen, weitverbreiteten, die Einzelnen beeinflussenden. Aber diese Voraussetzung bestätigt auch jede konkrete Erwägung. Wie geringfügig ist doch das individuelle Eigentum des Einzelnen bei einem Vorstellungskreise wie eben dem eschatologischen oder auch dem angelologischen oder auf dem Gebiete der Ethik. Wie gleichgiltig ist es im Allgemeinen, wer hier nun gerade eine besondere Vorstellung bietet! Hat sie doch der, der sie allein tradiert, darum noch nicht erzeugt. Wie gleichgiltig wäre es aber selbst, wenn er sie wirklich erzeugt hätte! Seiner Natur nach gehört also das verstreute Material zusammen, zerreisst man das Zusammengehörige in Fetzen, so verzichtet man darauf, einen genügenden Eindruck von den behandelten Dingen hervorzurufen.

Aber diese Zersplitterung erschwert auch das Verständnis des Einzelnen selbst. Denn in der einzelnen Schrift ist gar kein sicherer Massstab zu finden für das, was bedeutend und was nebensächlich ist [1]). Stellen wir es in den Zusammenhang, in den es gehört, in die ganze Welt verwandter Gedanken, so wird es leicht in seinem Werte geschätzt, an seinen Ort gewiesen. Ebenso wird manche Vorstellung auf diesem Wege überhaupt erst genügend klar gemacht werden können.

Andrerseits nützt auch die richtige Beobachtung, die an der einzelnen Schrift gemacht wird, meistens für sich nicht viel, wahrhaft lehrreich wird sie erst, wenn sie für das Ganze

1) Vgl. oben 33 Anm. 1.

fruchtbar gemacht und zur Verdeutlichung der geschichtlichen Entwicklung verwendet wird. Wenn wir beim 1. Petrusbriefe die Vorstellungen vom Tode Christi, oder die Ideen von der Gemeinde als dem wahren Israel, von der Fremdlingschaft der Christen [1]) auf Erden richtig analysieren, so sind das an sich nur verlorene Notizen. Aber selbst Beobachtungen, wie sie über die Allegorese des Hebräerbriefs oder über die Wertschätzung der Armut und der Wohlthätigkeit im Lukasevangelium zu machen sind, finden ihre rechte Verwertung erst, wenn wir sie in grösserem Zusammenhange benutzen.

Man denke bei diesen wie bei manchen früheren Bemerkungen auch an die Literatur der Monographien. Es ist nicht zufällig, dass die Anschauungen einer Schrift, wenn sie monographisch behandelt werden, so oft geschichtlich nicht recht verständlich gemacht oder geradezu schief aufgefasst werden, und dass so manches dabei nur toter Stoff, ein Aggregat von richtigen Einzelheiten bleibt [2]). Am gefährlichsten ist es freilich, nur einen einzelnen Begriff eines einzelnen Schriftstellers monographisch zu erörtern.

Noch ein weiteres Argument muss gegen die Trennung der Lehrbegriffe ins Feld geführt werden. Man muss von der neutestamentlichen Theologie erwarten, dass sie, soweit das irgend möglich ist, die Entwicklung und die Entwicklungen klar zu stellen sucht. Das Gefühl für diese Aufgabe ist nun gewiss im Allgemeinen überhaupt nicht eben lebendig, und bei der üblichen Behandlungsweise ist das ganz begreiflich. Sehen wir jedoch hierüber hinweg, und gehen wir davon aus, dass die Aufgabe selbst einigermassen doch überall anerkannt wird.

Natürlich wird die wichtigste Frage sein, in welcher Reihenfolge und Gruppierung die verschiedenen Autoren vorzuführen sind. Eine blosse Frage der Form kann das nur für den sein, dem an der historischen Beleuchtung überhaupt

---

1) Holtzmann II, 317 führt sie als »lehrhafte Specialitäten« des Briefes auf.

2) Dies bestätigt auch der erste Teil von von der Goltz' Monographie über Ignatius (Texte und Unters. XII, 1894) in mancher Hinsicht.

nichts liegt. In Wahrheit ist der Gesamteindruck vom Gange der Entwicklung hiervon abhängig. Freilich die blosse Aufeinanderfolge verschiedener Lehrbegriffe würde nur ein äusserst rohes Bild der Entwicklung ergeben. Wer das empfindet, wird darum in besondern Erörterungen den Gesamtverlauf verdeutlichen, ausserdem noch manche historische Linien im Einzelnen ziehen und so über das Grundschema wesentlich hinausführen, zugleich es selbst erst recht verständlich machen und vor Missdeutungen schützen. Allein auch so wird schliesslich doch dieses Grundschema vor allem über den Eindruck entscheiden, wenigstens wesentlich mitentscheiden, den man von der Entwicklung erhält, falls man die Darstellung überhaupt ernsthaft unter diesem Gesichtspunkte betrachtet.

Eben deshalb aber gelingt es der Lehrbegriff-Methode nicht, eine adäquate Darstellung der Entwicklung zu erreichen, und es kann ihr nicht gelingen, wenigstens heute nicht mehr. Baur ist es s. Z. in seiner Weise gelungen, und von seinem Standpunkte aus hatte es insofern wohl einen Sinn, alles in der Form der Lehrbegriffe zu behandeln. Da in der Geschichte, die Baur zeichnete, der eine bekannte Gegensatz das schlechthin Entscheidende war, und da die verschiedenen Schriften eben alle als Zeugen dieses Gegensatzes in Betracht kamen, durch ihr Verhältnis zu diesem Gegensatze ganz vorwiegend charakterisiert waren, so fiel die wirkliche geschichtliche Entwicklung in der That ihrem Kerne nach zusammen mit der von ihm konstruierten Abfolge der einzelnen Schriften. Natürlich; wenn eben diese Abfolge nur das Nachbild der Entwicklung war. Aber Baurs Aufbau war eine unhaltbare Konstruktion. Seine Nachfolger und Gegner aber verfügen nicht über eine solche auf eine Hauptsache gestellte Gesamtauffassung der Entwicklung und können nicht über sie verfügen. Deshalb vermögen sie durch eine bestimmte Anordnung der Literatur den Charakter und Inhalt der Entwicklung nur sehr unvollkommen auszudrücken. Denn die aufeinanderfolgenden Schriften bezw. Gruppen von Schriften entsprechen nicht streng ebensovielen charakteristischen Momenten der Entwicklung und bringen die für diese wirklich bedeutsamen Momente nicht erschöpfend und scharf zum Ausdruck. Und doch wird der Schein hervorgerufen, als ob es so wäre. Oder aber man suspendiert an gewissen Punkten geradezu die Absicht historisch darzustellen und schiebt mitten in einer im Allgemeinen entwickelnden Darstellung allerlei lediglich äusserlich aneinander [1]). Es entstehen also nur zum Teil richtige, zum Teil aber schiefe oder undeutliche Eindrücke. Überdies werden die unbedeutenderen Schriften, um sie eben nicht blos äusserlich nebeneinanderzustellen, leicht unter geschichtliche Rubriken gebracht, die nur halb zu ihnen passen.

Auch auf Holtzmanns Darstellung lassen sich diese Bemerkungen doch einigermassen anwenden, obwohl gerade er dem Gesichtspunkte der Entwicklung viel ernster Rechnung getragen hat als andere. Wir haben in seinem Buche folgendes Hauptschema: I. Jesus und die Evangelisten (hier wird neben den Evangelisten auch Apostelgeschichte und Apokalypse besprochen), II. der Paulinismus, III. Deuteropaulinismus d. h. Epheserbrief (bezw. Kolosserbrief), Pastoralbriefe, Hebräerbrief und katholische Briefe, nämlich 1. Petrus-, Judas-, 2. Petrus-, Jakobusbrief, IV. die johanneische Theologie. Holtzmann gedenkt selbst gewisser Schwierigkeiten, die die Anordnung bereite [2]). Diese spiegelt das Schema ja nun unmittelbar wieder. Die Evangelisten mussten, sofern ihre individuellen Anschauungen in Betracht kommen, ihren Platz nicht vor, sondern nach Paulus haben. Ähnliches könnte man für die Apokalypse geltend machen. Die katholischen Briefe (abgesehen vom 1. Petrusbriefe) werden wesentlich negativ betrachtet, wenn sie unter die Rubrik des Deuteropaulinismus gebracht werden. Der erste Petrusbrief würde mit besserem Rechte hinter dem Epheserbriefe stehen als die Pastoralbriefe [3]). Was aber die Gesamtheit der nachpaulinischen Schriften betrifft, so will ja

---

1) Beyschlag I, 21 tritt geradezu für »eine gewisse Vermittlung zwischen dem zeitlichen und dem sachlichen Anordnungsprinzip« ein.

2) I, 27. Deissmann 136 empfiehlt, den Gedankeninhalt der kleineren Schriften des Neuen Testaments anhangsweise bei den drei Hauptgestaltungen — synoptisches (?), paulinisches, johanneisches Christentum —, den Jakobusbrief z. B. hinter dem synoptischen Stoffe unterzubringen: ein bezeichnender Ausdruck der Verlegenheit.

3) Falls nicht eine literarische Rubrik (Pseudopaulinisches — Katholische Briefe), die für die sachliche Haltung der Briefe belanglos ist, massgebend sein soll. Vgl. Holtzmann selbst II, 316.

Holtzmanns Darstellung keineswegs so verstanden sein, als stelle jede Schrift einen besondern Schritt oder ein Schrittchen auf dem Wege dar, er hätte sonst z. B. die Pastoralbriefe wohl näher an Johannes herangerückt. Allein jedenfalls macht sich der Leser doch unwillkürlich nach dieser Darstellung irgendwie ein Bild von der Entwicklung. Wenn da nun der durchschlagende Eindruck ist, dass diese Entwicklung von Paulus an durch die zuerst noch kräftige, hernach bedeutend nachlassende Nachwirkung des Paulus charakterisiert sei und ihren Abschluss in der johanneischen Theologie finde, so wird man ja zwar nicht bezweifeln, dass hier eine überhaupt erkennbare historische Linie gegeben ist, aber man darf doch fragen: ist das genug? Ist das Zehren vom Erbteil des Paulus in solchem Masse das Wesentliche des ganzen Christentums von Paulus bis Johannes? Sieht die Entwicklung nicht allzu geradlinig und einfach aus? Erscheint die johanneische Anschauung nicht zu einseitig als die Spitze der Entwicklung? Es ist wahr, Holtzmann darf sich darauf berufen, dass er an anderer Stelle wesentliche Ergänzungen geboten und insbesondere den Umschwung der sich nach Paulus vollzogen hat, viel deutlicher und positiver charakterisiert hat. Aber m. E. dient die Charakteristik der einzelnen Schriften nicht dazu, diese Ausführungen klarer zu machen, und sie hat Holtzmann gehindert mehr zu bieten, namentlich auch der Entwicklung der einzelnen Hauptanschauungen absichtlicher nachzugehen.

Verschiedene Einwände werden sich gegen die verfochtene These erheben. Vom praktisch-kirchlichen Standpunkte aus wird man betonen, dass die selbständige und erschöpfende Behandlung jeder neutestamentlichen Schrift doch einem unaufgebbaren Interesse entspreche. Darauf kann man nur erwiedern, dass man der Wissenschaft nicht zu enge Beziehungen zur Praxis zumuten darf. Wenn der Wissenschaft eine Aufgabe oder eine Methode wirklich aus der Sache erwächst, so darf sie um keines noch so edlen praktischen Interesses willen sie sich verschieben lassen, da sie sonst aufhören würde Wissenschaft zu sein.

Aber ist es nicht auch ein Interesse der Wissenschaft, den Ideengehalt jeder einzelnen Schrift sorgfältig zu erheben?

Ist nicht die Kenntnis ihres Gedankenkreises notwendig für die Auslegung des Einzelnen? Giebt es nicht manches im Begriffsmaterial, in der Terminologie und religiösen Sprache, in eigenartigen Gedankenverbindungen, was die Geschichte zwar ignorieren kann und ignorieren müsste, was aber doch für den Charakter des Schriftstücks von Belang ist?[1]) Ohne Zweifel. Nur folgt daraus weder, dass unsere Fassung der Aufgabe unrichtig ist, noch auch, dass es mehrere gleichberechtigte und gleichnotwendige Behandlungsweisen giebt. Der Ort, wo der Inhalt der einzelnen Urkunde zu überblicken ist, seine Eigentümlichkeiten aufzuzeigen, Streitfragen darüber zu erörtern sind, ist — abgesehen von der Monographie — einfach der Kommentar, teilweise auch die s. g. neutestamentliche Einleitung. Den Umständen nach wird man hier auch literarischen Beziehungen, die für das Verständnis wichtig sind, genauer nachgehen. Die Ergebnisse solcher Ausführungen werden für die neutestamentliche Theologie von Nutzen sein.

Ein anderer Einwand wäre, das empfohlene Verfahren verleite dazu, die doch so sichtbaren Verschiedenheiten, die Mannigfaltigkeit der Typen zu sehr zu nivellieren. Es würde nur auf einen Querdurchschnitt hinauskommen, der ein Bild lieferte, wie es thatsächlich niemals existierte: Allein warum sollte man eine solche falsche Gleichmacherei befürchten? Es wird ebenso, was wirklich gemeinsam ist, wie das, was individuell, aber geschichtlich wichtig ist, zu seinem Rechte kommen und beides ins richtige Verhältnis gesetzt werden müssen. Auch der einzelnen Schriften wird dabei mannigfach gedacht werden, sofern sie nämlich wirklich typisch sind in besondern Beziehungen. Wenn etwa der altchristliche Moralismus besprochen wird, wird man vom Jakobus- und ersten Klemensbriefe nicht schweigen. Selbst ganze Gedankengänge wie z. B. des Hebräerbriefs werden gelegentlich zu entwickeln sein, falls sie illustrativ sind für das gerade behandelte Thema. Vielleicht dürfte so das, was wirklich eigentümlich an den einzelnen Schriften ist, nicht minder scharf ins Licht treten, als bei der individualisierenden Methode. Auch die nähere Verwandt-

---

1) Man denke an den Paulinismus des Lukasevangeliums u. dgl.

schaft, die zwischen einzelnen Schriften besteht, wird dabei hervortreten.

Oder sollen wir wegen der Schwierigkeit der Aufgabe auf diese Behandlungsweise verzichten? Ein weitausgebreitetes, zerstreutes Material zu durchdringen, zu verknüpfen und so zu ordnen, dass ein lichtvolles Bild entsteht, ist in der That eine Aufgabe, der gegenüber die Reproduktion des Inhaltes von Schriften eine höchst bequeme Sache ist. Aber leider fragt uns die Geschichte, wenn sie ihre Aufgaben stellt, gar nicht, ob sie uns Mühe machen oder nicht. Unlösbar aber kann die Aufgabe nicht sein. Liegen denn die Materialien, aus denen die Dogmengeschichte ihre Bilder gewinnt, nicht auch oft weit auseinander?

Freilich, so manche Verhandlung ist noch nicht abgeschlossen, so manches Einzelproblem hat auch bei den historisch Interessierten noch keine allgemein anerkannte Lösung gefunden. Allein auch das kann kein Grund sein, eine notwendige Änderung des Betriebes bis auf bessere Zeit zu vertagen. Was heute Streitfrage ist, wird es zum guten Teile auch in 50 Jahren sein. Und vielleicht wird es gut sein, manche Frage einmal von einer neuen Seite anzusehen.

4.

Die selbständige Behandlung der einzelnen Schriften aufgeben heisst dem Baume die Axt an die Wurzel legen oder richtiger wenigstens *eine* Hauptquelle für die sonstigen Fehler der landläufigen Methode verstopfen. Zwar ist auch so die Möglichkeit unzulänglicher oder verkehrter literarischer Vergleiche keineswegs ausgeschlossen, allein wenn man bei jeder Frage ein grösseres Material überschaut, so wird man sich doch ganz von selbst leichter vor übereilten und zu engen Bestimmungen in dieser Hinsicht hüten und überhaupt viel weniger Neigung haben, auf die literarischen Beziehungen ein falsches Gewicht zu legen. Man wird ferner richtig abschätzen, was gemeinsam und was individuell ist, das Wichtige wird sich als solches in unzähligen Fällen unmittelbar vom Unwichtigen abheben, und damit wird man loskommen vom Fluche der Vollständigkeit. Denn das Missverständnis ist ja durch alles Vorhergehende wohl hinreichend ausgeschlossen, als gelte es nur, bei jedem Punkte die einzelnen Schriftsteller zu verhören, ihre Aussagen lediglich aufzusammeln, zu addieren und allenfalls leidlich zu ordnen und in Beziehung zu einander zu bringen.

Es ist jedoch noch nicht klar genug gesagt worden, wie sich positiv unser Verfahren gestalten, von welchen Maximen es geleitet sein muss. Erschöpfend kann das nun freilich — soweit das überhaupt möglich ist — nur gezeigt werden, wenn man tiefer auf den Stoff selbst oder einzelne Gebiete eingeht, als es hier möglich ist. Ich muss mich darauf beschränken, aphoristisch einiges besonders Wichtige hervorzuheben. Zum Teil handelt es sich dabei um einfache Folgerungen aus dem Gesagten.

Die geschichtliche Methode hat vor der literarischen voraus, dass sie fruchtbar ist. Die Fruchtbarkeit liegt darin, dass die zusammenschauende Betrachtung des zusammengehörigen Stoffes eine ungeahnte Fülle von Fragen aufnöthigt, im Grossen wie im Kleinen. Die Voraussetzung ist dabei natürlich, dass wir überall genetisch und überall vergleichend verfahren. Überall interessieren uns die Abstände, die Zusammenhänge, die Wirkungen; überall kommen wir mit der Frage: woher? wie ist das geworden? wodurch ist es bedingt? Denn jedes geschichtliche Datum wird nur in dem Masse verständlich, als wir es in den Zusammenhang zu stellen vermögen, in dem und aus dem es erwachsen ist.

Wir werden dabei nach Kräften über die blassen, unpräcisen Urteile hinausstreben, die uns heute in biblisch-theologischen Erörterungen dort, wo man sich überhaupt um geschichtliche Zusammenhänge kümmert, irre ich nicht, allzu oft begegnen. Man redet davon, dass eine Anschauung an eine andere »erinnere«, mit ihr »verwandt« sei, einen »Ansatz« zu ihr bilde, an sie »anknüpfe«, einen »Fortschritt« oder eine »Steigerung« ihr gegenüber darstelle, und giebt dabei keine greifbare Vorstellung davon, wie das historische Verhältnis zu denken ist, erweckt vielmehr nur den unbestimmten Eindruck einer Ähnlichkeit im Allgemeinen und lässt im Unklaren, ob die Anschauungen Stufen im streng historischen Sinne wirklich gewesen sind oder uns mehr von irgend einem Standpunkte als Stufen erscheinen. Denn beides ist aufs schärfste zu unterscheiden. Es ist leicht, nach dem logischen Gesichtspunkte der grösseren oder geringeren Ähnlichkeit mehrere Anschauungen in eine gerade Linie zu bringen, aber ob die logische Anordnung den geschichtlichen Sachverhalt wiedergiebt, ist noch die Frage[1]). Gewiss sind jene unbestimmten Angaben niemals ganz entbehrlich, aber wir müssen uns klar darüber sein, wie viel sie wert sind.

Die Frage nach der Entstehung werden wir aber natürlich stets im geschichtspsychologischen Sinne stellen, nicht blos im literarischen, womit in der Regel wenig gewonnen wird, und ebenso suchen wir auch nicht sowohl aus einzelnen Stellen, als aus der Entwicklung heraus zu argumentieren. Jede bedeutsame Vorstellung, jeder wirksame Begriff, jede wichtige Anschauung wird als ein lebendiges Gewächs der religiösen Geschichte aufgefasst, genau nach den inneren Gesetzen erwachsen, nach denen heute und immer Vorstellungen, Begriffe, Anschauungen entstehen.

Wir werden somit in gewissem Sinne stets konstruktiv verfahren, d. h. durch Schlüsse die Aussagen der Urkunden ebenso ergänzen wie verbinden. Die Scheu vor diesem Verfahren ist heute sicher zu gross, es ist nur scheinbar subjectiver und mehr dem Irrtum ausgesetzt als das gewöhnliche. Denn wenn dort die Gefahr vorliegt, Zusammenhänge zu sehen, die nicht da sind, und in der Ableitung fehlzugreifen, so hier die nicht geringere, indem man sich auf den Buchstaben stellt, ihn falsch zu werten oder falsch historisch zu beleuchten; überdies, wäre nicht die Gewöhnung an bestimmte Fragenstellungen und Antworten, die uns die Sache etwas verdeckt, so würden wir wohl

---

1) Typisch scheint mir eine an sich geringfügige (übrigens auch sonst nicht ganz einwandsfreie) Bemerkung von Holtzmann II, 233 f., wonach die Formel Eph. 6, 23 *εἰρήνη καὶ ἀγάπη μετὰ πίστεως* zwischen Gal. 5, 6 *πίστις δι' ἀγάπης ἐνεργουμένη* und 1. Tim. 1, 14 *μετὰ πίστεως καὶ ἀγάπης* die Mitte bilden soll. Das ist logisch (von der paulinischen *πίστις* aus gedacht) richtig, historisch nicht. Die Entwicklung von Paulus an lässt sich nicht so vorstellen, als ob man dem Glauben, ehe ihm die Liebe förmlich als gleichwertiges Stück zur Seite trat, zunächst noch einen Rest seiner einzigartigen paulinischen Bedeutung gelassen hätte.

mehr empfinden, wie viel Konstruktion auch heute gerade bei den »letzten« Fragen mit unterläuft. Konstruieren heisst noch nicht ins Blaue hinein vermuten, für die berechtigte und notwendige Konstruktion giebt es feste und umschreibbare Grundsätze.

Bei dem Versuche zu erklären werden wir freilich nur zu oft auf Lücken stossen, wie denn unsere ganze Bemühung ja einem grossen Bruchstücke gilt. Aber Lücken empfinden heisst Probleme empfinden, und die scharfe Erkenntnis eines Problems bedeutet stets einen positiven Gewinn für das historische Verständnis. Deshalb ist es von Bedeutung, die Lücken absichtlich kenntlich zu machen [1]. Thun wir es nicht, so wird manche auffällige, frappierende Erscheinung gar nicht als solche begriffen und gewürdigt werden. Man denke an den Begriff des Reiches Gottes. Nehmen wir als bewiesen an, dass Jesus von einer Gegenwart und einer weltlichen Entwicklung des Reiches geredet, es als eine auf Erden wachsende sittliche Gemeinschaft gedacht hat [2]. Hiermit wäre doch der jüdisch-eschatologische Begriff des Reiches nicht blos leise verschoben, sondern wesentlich verändert. Eine solche Umbildung konnte sich eben deshalb nicht unter der Hand vollziehen; sie musste mit Bewusstsein vollzogen werden und musste zweifellos auch den Jüngern als eine Neuerung entgegentreten. Dann ist es aber eine höchst merkwürdige Thatsache, dass der gesamten Folgezeit von Paulus an gerade diese charakteristische Anschauung Jesu ganz verloren gegangen ist, und dass ihr eigener Reichsbegriff vielmehr mit dem spätjüdischen in Kontinuität steht, wenn er mit ihm auch nicht ohne Weiteres identisch ist. Man muss entweder eine Erklärung beibringen oder aber das Rätsel selbst in aller Schärfe hinstellen [3]. Andernfalls wird

---

1) Klarzustellen, was wir nicht wissen, ist übrigens nicht selten auch wichtig, um das positiv Ermittelte richtig zu schätzen.

2) Holtzmann I, 207f. 339; s. auch 222 u. 347.

3) In Wahrheit ist freilich dieses »Rätsel« vielmehr ein Argument gegen die Annahme, dass Jesus ein gegenwärtiges Reich in modernem Sinne gekannt habe. Es kommt dabei noch hinzu, dass er, trotzdem er seine spiritualistische Fassung des Reichs als etwas Neues empfinden musste, nach den Quellen nirgends (auch Luk. 17, 21 nicht) markiert, dass er den Begriff des Reiches selbst anders fasst als seine Zeit-

eine wichtige Thatsache — denn sie wäre nicht blos merkwürdig, sondern wichtig — überhaupt nicht zu deutlicher Erkenntnis gebracht.

Da es verkehrt ist, »die Gedanken, die das Neue Testament und die älteste christliche Literatur enthalten, einseitig als die spontane Hervorbringung des isoliert gedachten Christentums aufzufassen«[1]), so werden wir natürlich auch auf die grossen religionsgeschichtlichen Zusammenhänge zu achten haben. Es ist dies ein Thema für sich, dass hier lediglich gestreift werden kann. Vom Einzelnen abgesehen muss man doch jedenfalls klarzustellen versuchen, wie gross der Anteil des Jüdischen am ältesten Christentum ist, was das Einströmen des alexandrinischen Elements bedeutet, was für hellenische und auch was für orientalische Einflüsse eine Rolle spielen.

Dass wir bei diesem Erklären und historischen Analysieren die Bedeutung der Persönlichkeiten, z. B. die Bedeutung eines Paulus verkennen müssten, fürchte ich nicht. Weshalb sollte man nicht anerkennen können, dass die Eigenart und die Arbeit des Individuums selbst vieles erklärt, was ohne sie nicht erklärt werden kann? Ich glaube, die erklärende Methode wird uns am gehörigen Orte die Bedeutung der Persönlichkeit sogar in der denkbar schärfsten Beleuchtung zeigen. Nur freilich hören wir auf, den Einzelnen schon darum zum Schöpfer eines Gedankens zu machen, weil wir ihn zufällig zuerst bei ihm finden, und ferner aus der Persönlichkeit begreifen zu wollen, was nun einmal nicht aus ihr begriffen werden kann. Die die johanneische Theologie beherrschenden Gegensätze Gott und Welt, Licht und Finsternis, Leben und Tod, Wahrheit und Lüge[2]) leitet man gern aus der sittlichen Energie und Schroffheit des Evangelisten ab[3]). Aber wie man

genossen: das ist selbst dann bedeutsam, wenn man daraus nur entnimmt, dass die Evangelisten kein Bewusstsein mehr von einer Neuerung Jesu haben, wie sie ihm zugeschrieben wird. — Holtzmann hat jene Schwierigkeit gar nicht fühlbar gemacht. Er hat überhaupt den Reichsbegriff Jesu nicht wirklich in die Entwicklungslinie Judentum — urchristliche Gemeinde hineingestellt.

1) Harnack, Die Chronologie u. s. w. 1. Band XI.

2) Vgl. oben 39.

3) S. auch von der Goltz 171. Treffendes dagegen bei Holtzmann II, 382. 384.

von persönlicher Schroffheit dazu kommen soll, immer in diesen Gegensätzen zu denken, dafür müsste der psychologische Weg erst gezeigt werden. Konkrete Anschauungen werden zum Wenigsten niemals allein aus noch so ausgeprägter Eigenart der Persönlichkeit verständlich. Es muss ein Grund bestehen, weshalb sich die Eigenart gerade in diese bestimmten Anschauungen ergiesst.

Es ist eine Erkenntnis, die man vielfach ausgesprochen finden kann, dass unser literarisches Material fragmentarisch ist[1]). In welchem Masse es fragmentarisch ist, wie manches Zufällige ihm anhaftet, wie vieles an Vorstellungen, Spekulationen, Theorien, Beweisführungen, was nicht bedeutungslos gewesen sein kann, zwischen und hinter den Urkunden zu denken ist — das wird freilich doch wohl selten genug klar ermessen. Jedenfalls kommt es aber nicht blos auf diese Erkenntnis selbst an, sondern darauf, dass sie die Methode beherrscht. Das will sagen: wir dürfen die Fragen nicht mehr lediglich nach dem literarischen Materiale stellen, wir müssen sie, soweit das möglich ist, aus der Sache, aus der geschichtlichen Situation heraus stellen. Sicher wäre das ein ganz bedeutender Gewinn, nebenbei natürlich auch ein Korrektiv für falsche oder einseitige Urteile über die Literatur.

Im Neuen Testamente ist nur ganz sporadisch vom Monotheismus die Rede. Nach den Daten der Urkunden brauchte man hiervon kaum zu reden. Die geschichtliche Erwägung nötigt uns anzunehmen, dass das Material uns hier täuscht. Es ist ohne Weiteres selbstverständlich, dass die Heiden, die zum Christentume kamen, an dem, was ihnen die neue Religion brachte, ganz besonders auch den Glauben an den einen Herrn und Schöpfer der Welt geschätzt haben, er musste ihnen geradezu als der entscheidende Gegensatz zu ihrem bisherigen Glauben erscheinen, und gegenüber allerlei Spuk des Aberglaubens als Befreiung. Es wäre thöricht, wenn die neutestamentliche Theologie diese Thatsache deshalb ignorierte oder ihre Bedeutung herabminderte, weil die Sache erst etwa von Justin an eine literarische Rolle spielt. Kein Silbe der Überlieferung meldet uns, wie das Alte Testament zum

1) Richtig z. B. auch Beyschlag I, 3f. 18.

heiligen Buche der Christen wurde. Es hat sich das ja auch ganz unvermerkt mit der Bildung der Kirche selbst vollzogen. Aber auch die Bildung der Kirche, die Entstehung des Bewusstseins, die von Gott spezifisch erwählte und beschützte Menschengemeinschaft zu sein, erfolgte, ohne dass jemand den Vorgang protokolliert hätte. Und wieder ist das Alte Testament unvermerkt zum Religionsbuche der bekehrten Heiden geworden. Lässt sich über diese Dinge nichts sagen? Müssen sie nicht in ihrer fundamentalen Bedeutung hervortreten? Was das Wunder und die Wundererzählungen für die Frömmigkeit des Volkes bedeuteten[1]), erkennen wir direkt aus dem Neuen Testamente keineswegs, noch weniger, wie sich Heiden, die Christen wurden, nach ihren Voraussetzungen Taufe und Abendmahl vorstellten, wie sie die Gottessohnschaft Christi verstanden, was ihnen der Titel Messias bedeutete und was nicht, oder wie sie dem jüdisch-christlichen Dämonenglauben gegenübertraten. Darf eine Geschichte der Religion an diesen Dingen einfach vorbeigehen? Etwa, weil wir nicht viel über sie wissen?

Ein notwendiger Grundsatz ist ferner, dass wir uns nicht mit der Feststellung positiver Thatsachen begnügen dürfen; oft ist es sehr wichtig, s. z. s. *negative* Thatsachen zu erkennen und zu würdigen. Wenn es klar gestellt werden muss, welche speziellen Tugenden das Urchristentum sei es hervorgebracht, sei es besonders geschätzt und kultiviert hat, so ist es fast ebenso wichtig zu wissen, welche es nicht begünstigt hat. Denn wie bei jeder lebendigen Bildung kann auch hier keine Rede sein von abstrakter Gleichmässigkeit. Denken wir hier aber nicht blos an Einzelthatsachen, denken wir auch an die allgemeine Richtung, die in einer ganzen Entwicklung eingeschlagen wird. Könnten wir uns nicht von den gegebenen Prämissen aus auch eine ganz anders geartete Entwicklung, andere Gedanken, andere Erscheinungen denken? Welche Fragen werden *nicht* gestellt? welche Gebiete der Anschauungswelt *nicht* ausgebaut? Indem wir so fragen, wird uns die wirkliche Entwicklung in ihrer Eigentümlichkeit klarer, wir erkennen den Rahmen, in dem sich eine ganze

1) Holtzmann streift das Thema I, 399 ff. Vgl. Deissmann 135 f.

Entwicklung hält, und das ist wichtiger als die einzelnen Thatsachen zu sehen, die es innerhalb dieses Rahmens giebt.

Die üblichen biblisch-theologischen Erörterungen erwecken meist den Eindruck, als seien die urchristlichen Anschauungen rein durch die Macht des Gedankens erzeugt, als schwebe die Welt der Ideen ganz als eine Welt für sich über der äusseren Geschichte. Mit dieser Meinung werden wir brechen müssen: die urchristliche Gedankenwelt ist sehr stark durch die äussere Geschichte bedingt, das muss kräftig zur Geltung kommen.

Seine eigentümliche Lehre von der Rechtfertigung durch den Glauben würde Paulus nie gebildet haben, wenn er nicht das Werk der Heidenbekehrung in Angriff genommen hätte. Die Lehre ist aus der Praxis für die Praxis entstanden, nicht umgekehrt die Praxis aus der rein durch religiöses Denken und Erleben geschaffenen Lehre entwickelt. Mit der Reflexion auf die Erfahrungen, die Paulus als Pharisäer mit dem Gesetze gemacht habe, dem er vergeblich zu genügen suchte, sowie auf das Erlebnis der Bekehrung könnte man vielleicht erklären, dass er dem Thun und Verdienst des Menschen die Gnade Gottes gegenüberstellte, niemals aber, dass er gerade den Glauben zum Gegensatze der Gesetzeswerke machte. Dies erklärt sich vielmehr nur daraus, dass es sich um die Frage handelte, unter welcher Bedingung Heiden in die christliche Gemeinde aufgenommen werden könnten. Paulus erkannte die Notwendigkeit, die Verpflichtung auf das jüdische Ritualgesetz — nur um dieses, nicht um die »Gebote Gottes« handelte es sich ursprünglich — zu verneinen. Nun könnte man vorstellen [1]), dass er, sobald er eine Theorie bildete, diesen

1) Das kann man bei Paulus in der That leichter vorstellen als bei Luther und seinen Nachfolgern. Paulus kann 1. Kor. 7, 19 schreiben: *ἡ περιτομὴ οὐδέν ἐστιν, καὶ ἡ ἀκροβυστία οὐδέν ἐστιν, ἀλλὰ τήρησις ἐντολῶν θεοῦ,* er kann 1. Kor. 13 die Liebe über Glauben und Hoffnung stellen, kann im Galaterbriefe der Bedeutung von Beschneidung und Vorhaut die *πίστις δι' ἀγάπης ἐνεργουμένη* entgegensetzen, und er kann Aussagen wie 2. Kor. 5, 10 machen — lauter Dinge, auf die ein korrekter Vertreter der protestantischen Rechtfertigungslehre von sich aus nie hätte verfallen können, mit denen er sich höchstens abquälen musste — die, nebenbei bemerkt, wenn sie im Epheser- oder 1. Timotheusbriefe ständen, als sichere Anzeichen deuteropaulinischer, wenn nicht unpaulinischer Haltung gelten würden.

Gesetzeswerken neben dem Glauben auch die Liebe und andere Tugenden, allgemeiner das Halten der unverbrüchlichen Moralgesetze entgegengesetzt hätte. Allein in Wahrheit konnte ihm als positive Bedingung der Rechtfertigung nur das erscheinen, was aus dem Heiden, gleicherweise aber auch aus dem Juden einen Christen machte, das absolut Neue, was den werdenden Christen gleichmässig vom Juden wie vom Heiden schied: das war ausschliesslich der Glaube an den Christus[1]). Ein anderes Beispiel für die Bedeutung der »äusseren Geschichte« bieten die Verfolgungen. Der Ausbruch von Verfolgungen ist für die biblische Theologie ein wichtiges Datum, weil durch sie die Anschauungen und Empfindungen mächtig beeinflusst werden: die Hoffnung flammt leidenschaftlich auf, der Enthusiasmus wird geweckt, die ὑπομονή, die Standhaftigkeit, wird zu einer obersten Tugend. Überhaupt sind die ethischen Anschauungen und Ideale aufs Wesentlichste bedingt durch die Verhältnisse. Dass die φιλοξενία zu den damaligen Kardinaltugenden gehört, erklärt sich aus der Lage reisender Christen und der Bedeutung, die das Reisen und Wandern hatte. Die Bruderliebe bedeutet mehr als die Nächstenliebe, weil es sich um eine kleine, exklusive Gemeinschaft handelt[2]). Für das Streben nach der ἐγκράτεια und ἁγνεία ist es

1) Wie sich von hier aus die weitergreifenden Formeln des Römerbriefes erklären, gehört nicht hierher. — In dem im Texte Gesagten treffe ich — unabhängig — ganz mit dem zusammen, was jüngst P. Wernle (der Christ und die Sünde bei Paulus. 1897) über des Paulus Rechtfertigungslehre trefflich ausgeführt hat. Vgl. bes. 54, 79ff., 92ff., 100, 121. Wernle sagt von der Rechtfertigungslehre, dass sie »Missionstheologie« war (79). — Holtzmann hat, soviel ich sehe, die Frage nach der Entstehung der Formel von der Rechtfertigung aus dem Glauben nirgends mit genügender Schärfe gestellt, und doch ist das eine Frage ersten Ranges für die paulinische Theologie.

2) In einer grossen Kirche, wo die Begriffe Bruder und Nächster sich decken oder doch in keiner Weise klar geschieden sind, wird die Bruderliebe ganz naturgemäss immer »ein halbvergessenes Stück Christentum« sein (vgl. Rade in der »Christlichen Welt« 1892 No. 5ff.). Nur in der Sekte, dem Konventikel oder der irgendwie exklusiven Verbindung kann es anders sein. Künstlich kann man Bruderliebe nicht hervorrufen. — Trotzdem Holtzmann mehrfach vom Verhältnis der Bruderliebe und Nächstenliebe redet, finde ich doch keine histo-

wesentlich, dass die Gemeinde von einer laxen und zügellosen Welt umgeben ist. Die Stellung in der Welt bringt auch das Ehrgefühl hervor, das darauf hält, dass der Name des Herrn nicht gelästert werde wegen christlicher Sünde.

Alle diese Bemerkungen sollten, wie gesagt, nur illustrieren, wie es gemeint ist, wenn wir an Stelle eines vorzugsweise literarischen ein wirklich geschichtliches, zugleich strengeres und freieres Verfahren fordern. Was die Darstellung selbst betrifft, so mag hier nur das eine betont sein, dass wir nach kräftigen Grundstrichen trachten müssen. Mit absoluter Deutlichkeit muss es z. B. heraustreten, dass die erste Christenheit des Glaubens lebt, in der Endzeit zu stehen, und dass sie in dem Besitze des Geistes den Beweis dafür sieht.

Meine Darlegung bedarf noch einer wesentlichen Ergänzung. Sie würde durchaus unvollständig sein, wenn ich nicht in positiver Schilderung am konkreten Stoffe zu entwickeln suchte, wie sich die Aufgabe der Disziplin gestaltet. Zuvor indessen werfe ich noch einen Rückblick auf ein früheres Thema.

Erst jetzt kann uns die Frage, ob die Disziplin nur das Neue Testament oder noch anderweitige Literatur zu berücksichtigen hat, in ihrer wirklichen Bedeutung klar werden.

Ohne Zweifel zeigt sich gerade erst bei unserer Auffassung, wie unbedingt erforderlich es ist, über die Grenzen des Neuen Testaments hinauszugehen. Frage ich, was in einem bestimmten Zeitabschnitte der Inhalt und die Entwicklung des christlichen Glaubens und Denkens gewesen ist, so gehört ohne Weiteres

---

risch genügende Ausführung darüber. Man vergleiche z. B. II, 221f. Von Paulus kann Holtzmann hier sagen: Die empfohlene Friedfertigkeit und Barmherzigkeit u. s. w. lasse »keine doctrinäre Unterscheidung der Personen mehr zu, welchen die geübte Liebe zu Gute kommen sollte. Anders verfiele ja auch die paulin. Sittlichkeit dem Gerichte der Bergpredigt: „Thun nicht auch die Zöllner und Sünder dasselbe?“« Das Wort »doctrinär« enthält hier wohl einiges Missverständnis, und dieser Spruch ist hier kaum angebracht. Bei Johannes heisst es mit Bezug auf das Liebesgebot (vgl. II, 388f.) nur: »Immerhin ist das etwas anders gemeint als die Moral der Bergpredigt. . .« Irreführend und schief ist es, »das Mittelglied zwischen dem umfassenden Gebot Jesu und dem bestimmt abgegrenzten des Joh.« in Paulus zu sehen.

alles Material zur Lösung dieser Aufgabe, das in diesen Zeitabschnitt fällt [1]). Hier hat es also wirklich gar keinen Sinn mehr, irgend welche äusserliche Scheidung unter Schriften vorzunehmen, die im Wesentlichen verwandt sind [2]). Wer meine Fassung der Aufgabe gutheisst, für den handelt es sich da um eine einfache Folgerung.

Zugleich aber wird hier deutlich, dass die Hereinziehung ausserneutestamentlichen Stoffes für die Sache selbst Bedeutendes austrägt. Es wäre wohl immer ein bemerkenswerter und auch für manche Einzelfragen nicht unwichtiger, aber am Ende doch kein geradezu tiefgreifender Unterschied, ob ich zu der Summe der neutestamentlichen Lehrbegriffe noch eine weitere Summe von Lehrbegriffen hinzu addiere oder nicht. Wenn dagegen die Schriften nur die Materialien liefern, die wir zum Aufbau der Geschichte verwenden, dann muss es von ungemeiner Bedeutung sein, ob sich die Materialien vermehren. Denn je umfänglicher sie sind, um so besser kann ich vergleichen, um so mannigfaltigere Linien ziehen, um so grössere Fülle von Fragen gewahren, um so sicherer das Wesentliche herausfinden.

Hier kann nun auch die Frage nach der wirklichen Grenze der Disziplin von neuem aufgenommen werden.

Irgendwelche Abgrenzung der urchristlichen Literaturgeschichte, vulgo Einleitung kann hierfür auf keinen Fall von Belang sein. Ob ein Schriftstück im strengen Sinne Literatur ist oder nicht, oder welcher der literarischen Formen es angehört, ist für die biblische Theologie so gleichgültig, wie es für die Literaturgeschichte wichtig ist. D. h. bei beiden bedeutet die Frage nach der Abgrenzung etwas Verschiedenes.

Weiterhin ergiebt sich aber sofort, dass die Antwort: »die apostolischen Väter gehören zum Stoff der Disziplin, die Apolo-

---

1) In dem Abschnitt über die theologischen Probleme des Urchristentums zieht auch Holtzmann wie von selbst mehrfach Ausserkanonisches heran.

2) In diesem Sinne habe ich Gött. Gel. Anz. 1896, 529 die Absonderung der neutestamentlichen Schriften von den verwandten in der s. g. Einleitung noch erträglich, in der biblischen Theologie geradezu falsch genannt. Vgl. dazu Holtzmann I, p. VII.

geten nicht mehr«[1]) ungenügend ist. Sie wird natürlich auch nicht verbessert, wenn wir zu den »apostolischen Vätern« noch anderes wie etwa das *Κήρυγμα Πέτρου* oder die Fragmente der älteren apokryphen Evangelien hinzunehmen. Vielmehr kann offenbar eine fixe literarische Grenze überhaupt gar nicht angegeben werden. Nicht blos das, was in den behandelten Zeitabschnitt fällt, gehört zur Sache, sondern auch was nicht in ihn fällt, aber indirekt doch sicher über ihn belehrt. Bietet uns also Justin Aussagen zur Verdeutlichung der vor ihm liegenden Geschichte, so sind sie nur willkommen zu heissen, weil wir ja diese Geschichte erkennen wollen. Überdies würden wir in mancher einzelnen Frage den Faden der Entwicklung an falscher Stelle abschneiden und den natürlichen Zusammenhang der Dinge ignorieren, wenn wir uns nicht entschliessen wollten, nach den Umständen auch über die apostolischen Väter hinauszugreifen. Was Justin über den Weissagungsbeweis an die Hand giebt, steht in unmittelbarer Kontinuität mit dem, was Ältere gesagt haben. Sollten wir seine Angaben nicht berücksichtigen dürfen? Sollten wir bei der Frage nach der Beurteilung des Judentums bezw. des Alten Testaments nicht Marcions und der Gnostiker gedenken, bei der Frage nach der Wirkung des Paulus nicht abermals Marcions? Wird andrerseits in einem der apostolischen Väter ein Thema angeschlagen, dessen eigentliche Geschichte erst in der Folgezeit liegt, so ist es für die erste Periode nicht von Bedeutung und braucht nicht deshalb berücksichtigt zu werden, weil es nun eben bei Hermas oder seinesgleichen vorkommt.

Auch eine genaue Zeitgrenze kann nicht angegeben werden: etwa das Jahr 120, 130 oder 150. Das sind viel zu detaillierte Bestimmungen, mit denen wir kaum die sichere Vorstellung bestimmter Unterschiede verbinden können.

Man kann nur sagen, dass die Grenze dort liegt, wo neue Bewegungen in der Kirche ihren Anfangspunkt haben, wo neue Gedanken in ihr mächtig werden, und Altes sich ausgelebt hat. Dieser Moment fällt ungefähr in der Literatur zusammen mit dem Übergange von den apostolischen Vätern

1) Oben 17.

zu den Apologeten. Freilich dürfen wir nicht meinen, dass mit einem Schlage Leute wie Klemens, der Autor der Pastoralbriefe, Ignatius, Polykarp aufhören, um Männern wie Justin und Aristides Platz zu machen; ebenso werden Gedanken, wie sie diese beiden vortragen, wohl schon geraume Zeit vor ihnen in Kurs gekommen sein: die Literatur, die erhalten ist, wird auch hier — vielleicht nicht ganz wenig — täuschen über das, was wirklich gewesen ist. Man darf sicher nicht vergessen, dass Justin nicht für Christen, sondern für Nichtchristen schreibt. Nichtsdestoweniger ist das Auftreten der Apologeten mit ihrer hellenischen Bildung ein Merkmal einer neuen Zeit. Und damit fällt manches andere einigermassen zusammen: das Auftreten der grossen gnostischen Schulen und der ihm korrespondierende Kampf der Kirche, der Beginn der montanistischen Bewegung, die bewusste Unterscheidung der Apostelzeit als der klassischen Epoche von aller folgenden Zeit, die Anfänge eines neutestamentlichen Kanons und anderes. Hier also wird im Grossen und Ganzen die Grenze liegen [1]. Im Einzelnen kann nur die Ausführung der Arbeit selbst entscheiden; immer wird die Grenzbestimmung etwas Elastisches behalten.

5.

Das erste Hauptthema der neutestamentlichen Theologie bildet die Predigt Jesu. Hierüber ist hier nicht näher zu reden. Nur zwei Bemerkungen und damit zwei Hinweise auf die besonderen Schwierigkeiten dieser Aufgabe.

Erstlich: die Predigt Jesu kann nicht als eine eigentliche Lehre dargestellt werden, d. h. sie lässt sich nicht lösen von der Persönlichkeit Jesu und vom erkennbaren Verlaufe seines Lebens [2]. Es genügt daran zu erinnern, dass weder seine

---

1) Die Frage, ob nicht noch weiter herabzugehen sei, etwa bis 200, habe ich nicht aufgeworfen und brauche sie wohl nicht aufzuwerfen, wenn man zugiebt, dass ein Interesse für die speziellste Behandlung gerade der urchristlichen Epoche besteht. Sicher ist es aber das Ideal, dass »der Neutestamentler« auch noch ein Stück über Justin hinauszublicken weiss.

2) Treffend hierüber Holtzmann I, 124 ff., 127, 343 f.

Verkündigung vom Gottesreiche noch selbst seine Predigt von der wahren Gerechtigkeit unabhängig ist von seinem »Plane«, seiner Berufsauffassung und Selbstbeurteilung. Beides, Persönlichkeit und Leben, wird deshalb stets den Hintergrund der Darstellung bilden müssen, und fast alle tiefsten Schwierigkeiten, die für die Erfassung der Persönlichkeit und des Lebens bestehen, lasten darum auch auf der neutestamentlichen Theologie. Andrerseits kann man doch um dieses Zusammenhangs willen unmöglich darauf verzichten, die Gedankenwelt Jesu selbst zu reproduzieren [1], — man müsste es denn für unmöglich erklären, darüber etwas Sicheres auszusagen.

Sodann: Die Darstellung muss hier kritisch sein. Nicht blos in dem Sinne, der sich überall bei historischer Untersuchung von selbst versteht, sondern in einem spezielleren.

Ipsissima verba von Jesus haben wir nicht vor uns; wir wissen über Jesus nur durch spätere Darstellungen. In diesen Darstellungen, die sämtlich auf den Christus des Glaubens gerichtet sind, ist das Bild der Persönlichkeit wie der Predigt Jesu, wie schon die Vergleichung der drei Synoptiker leidlich lehren kann, noch deutlicher andere Erwägungen, von zahlreichen späteren Anschauungen und Auffassungen überzogen und getrübt. Oft liegen mehrere Schichten übereinander. Demnach muss, so gut es geht, die Übermalung entfernt werden. Dies Geschäft kann aber nicht äusserlich, etwa durch blosse Textvergleichung, erledigt werden. Kritik des Einzelnen und Auffassung des Ganzen bedingen einander wechselseitig. Von einer Einigkeit im Bestimmen des Ursprünglichen und des Sekundären kann andrerseits selbst bei Forschern verwandter Richtung nicht die Rede sein. Im Gegenteil darf man wohl sagen, es giebt keinen zweiten Hauptpunkt im Neuen Testamente, wo alles so im Flusse ist und gerade in den Kernfragen so diametral verschiedene Urteile möglich sind. Aus alledem folgt, dass die Darstellung selbst hier an allen entscheidenden Punkten erst die Scheidung zwischen dem Ur-

1) Holtzmann I, 126: »Immerhin vergegenwärtigt und fixiert sich doch jedweder Bewusstseinsinhalt seinem Träger in gewissen Ideen, die von ihm gegenwärtigen Ausgangspunkten auslaufen, in einem bestimmt gedachten Mittelpunkte sich zusammenfinden, um ebenso bestimmt gewollten Endpunkten zuzustreben«.

sprünglichen und dem darauf Aufgetragenen, zwischen dem im einen oder andern Sinne verhältnismässig Deutlichen und dem Zweifelhaften vollziehen muss.

Von Jesus wenden wir uns zur Gemeinde, zur Kirche.

Um die älteste Geschichte ihres Glaubens und ihrer Lehre adäquat schreiben zu können, müssten wir mehr wissen, als wir wissen.

Dunkel ist uns zum grossen Theile 1) die Chronologie. Wir dürfen annehmen, dass es an rapiden Entwicklungen in den Anschauungen nicht gefehlt hat; 10 Jahre konnten unter Umständen genügen, um die Signatur erheblich zu verändern. Wir wissen nicht einmal die Entwicklung von 20 zu 20, von 30 zu 30 Jahren genau zu verfolgen. Wir können beispielsweise nicht mit wirklicher Klarheit angeben, wie sich der christliche Glaube um 70 von dem christlichen Glauben um 110 unterschied. Die Datierung von Anschauungen auf literarische Indizien hin ist zum Mindesten sehr gefährlich. Wer will sagen, von wann an Bedenken über das Ausbleiben der Parusie beschwichtigt werden mussten? War das erst möglich ca. 90?

2) ist uns erst recht dunkel die Geographie der geistigen Geschichte. Es ist anzunehmen, dass die Entwicklung in Korinth und in Antiochia oder in Alexandria oder in der ägyptischen Landschaft bemerkenswerte Verschiedenheiten zeigte. Ebenso ist sehr wahrscheinlich, dass bestimmte Anschauungen und Theologumena von einzelnen Punkten und Provinzen aus die übrige Kirche eroberten. Von alledem wissen wir sogut wie nichts.

Abgesehen von ziemlich hell beleuchteten Abschnitten aus dem Leben des Paulus sind uns 3) recht dunkel doch auch die äusseren Vorgänge und ihre Bedeutung für das innere Leben der Gemeinde. Es dürften mehr Reibungen und Konflikte dieses Leben nach der Zeit des Paulus berührt haben, als wir ahnen. Welchen Eindruck hat die Zerstörung Jerusalems auf die Kirche gemacht? Wir können darüber nur sehr Allgemeines sagen.

Endlich 4) ist uns grossenteils dunkel die Bedeutung der Persönlichkeiten. Aus der ältesten Zeit kennen wir eine Reihe Namen, und wir wissen etwas von ihren Trägern.

Was sie historisch bedeuteten, und zwar gerade für die Geschichte der Gedanken, können wir aber doch nur unsicher bestimmen. Ich erinnere an Petrus, Barnabas, Apollos, Timotheus. Ein Mann wie Apollos wird z. B. wahrscheinlich keine ganz geringe Bedeutung für die Verbreitung gewisser Anschauungen gehabt haben. Wir können sie nicht umschreiben. Barnabas wird man auch nicht einfach als einen inferioren Prediger betrachten dürfen. Aber was hat er bedeutet? In der Periode von Paulus bis etwa Hadrian, wo doch die Christenheit schon zu ansehnlicher Grösse heranwächst, begegnen uns überhaupt nur ganz wenige Namen. Wird es hier an theologisch einflussreichen Persönlichkeiten ganz gefehlt haben? Nun, der Verfasser des Johannesevangeliums war sicher eine solche, und die Bedeutung der Verfasser etwa des Epheser- oder des Hebräerbriefs kann weiter gereicht haben, als uns die Briefe selbst erkennen lassen. Aber es zeigt nur von einer anderen Seite die Lückenhaftigkeit unserer Kenntnis, dass wir hier wieder die Namen nicht kennen — ich kann mich wenigstens einstweilen noch nicht davon überzeugen, dass der Autor des 4. Evangeliums der »Presbyter« Johannes ist.

Solche Thatsachen müssen erwogen werden, auch in der biblischen Theologie. Aber freilich, soviel unbekannte Grössen wir auch in die auf ewig dunklen Kartenfelder der urchristlichen Geschichte hineindenken mögen und müssen: eine Thatsache würde auch die intimste Kenntnis nicht umstossen: die Thatsache, dass Paulus in der Geschichte des ältesten Christentums die epochemachende Gestalt ist. Er ist nicht nur die mächtigste religiöse Persönlichkeit. Er hat durch seine Missionsthätigkeit die Physiognomie der ganzen Kirche entscheidend verändert. Er hat das Christentum dem Judentum gegenüber selbständig gemacht [1]), ihm auf dem heidnischen Boden die Heimstätte bereitet und ihm damit einen neuen Horizont gegeben. Er ist — im engsten Zusammenhange mit dem allen — der Schöpfer einer christlichen Theologie [2]). An dieser Gestalt, die deutlicher vor uns steht als Jesus selbst, hat man sich also zu orientieren.

---

1) S. jedoch Harnack, Dogmengeschichte I³ 86.

2) Weizsäcker, Apost. Zeitalter¹ 150.

Wir müssen danach in der Darstellung unterscheiden zwischen dem Glauben der judenchristlichen Urgemeinde und dem Christentum auf heidnischem Boden. Die Grenzlinien vermögen wir hier freilich nicht überall sicher zu ziehen, d. h. wir können von manchem nicht sagen, dass es noch nicht bezw. schon auf judenchristlichem, sondern erst bezw. nicht erst auf heidenchristlichem Boden gewachsen sei. Die Notwendigkeit der Unterscheidung selbst wird dadurch nicht aufgehoben.

In der Zeit von Paulus bis zum Endpunkte der Darstellung lässt sich ein weiterer Einschnitt von nur einigermassen ähnlicher Deutlichkeit und Wichtigkeit nicht mehr machen, hier muss alles zusammenbetrachtet werden.

Auf die Predigt Jesu folgt also der Glaube der Urgemeinde. M. E. haben wir keine direkten Quellen für diese älteste Zeit. Der erste Petrus- und der Jakobusbrief gehören durchaus nicht hierher. Die Reden der Apostelgeschichte mögen älteres Gedankengut enthalten — das ist hier nicht zu untersuchen —, eine direkte Quelle sind auch sie keinenfalls. Wir sind angewiesen[1]) auf einige Nachrichten der Apostelgeschichte und der paulinischen Briefe, auf Rückschlüsse aus den Evangelien und besonders auch Paulus sowie auf die Natur der geschichtlichen Situation. Das Kapitel wird leider kurz werden.

Im Rückblick entsteht natürlich die Frage, was der Übergang von Jesus zur Gemeinde bedeutet.

Nunmehr kommt ein besonderes Kapitel über Paulus. Die eigentümliche Lehre des Apostels wird eingehend behandelt. Eine Hauptaufgabe ist, sie geschichtlich verständlich zu machen. Dafür ist die Frage, wie mir scheint, so zu stellen: wie wurde die pharisäisch-jüdische Theologie des Paulus durch das Erlebnis seiner Bekehrung und dessen Folgen[2]) umgebildet zu seiner christlichen Theologie? Man hat also aus Paulus seine ehemalige jüdische Theologie zu rekonstruieren, was in der Hauptsache möglich ist, und das Bekehrungserlebnis psychologisch zu analysieren. Ich sage nicht: zu erklären. Hier

---

1) Ähnlich urteilt Holtzmann I, 350.

2) Ich erinnere an das oben 56 Ausgeführte.

kommt es nur darauf an, welchen Inhalt und welche Bedeutung das Erlebnis, mag man es so oder so erklären, für die Gedankenwelt des Paulus hatte. Welche Stelle diesem Punkte in der Ökonomie der ausgeführten Darstellung gebührt, ist hier nicht zu erörtern. Es soll nur betont werden, dass die paulinische Theologie nicht blos als ein Fertiges, sondern als ein Gewordenes betrachtet werden muss, und dass man einen deutlichen Begriff davon geben muss, was jüdisches Erbe — Hellenistisches ist dabei einbegriffen —, was christliche Neubildung und was christliche Umschmelzung jenes Erbes ist.

Grosses Gewicht ist ferner darauf zu legen, dass nicht alles zur Darstellung kommen darf, was die paulinischen Briefe an Vorstellungen und Gedanken enthalten. In ganzen Stoffgruppen, z. B. in den eschatologischen Vorstellungen[1]), in der Angelologie und Dämonologie, in der konkreten Ethik ist Paulus nur einer von vielen. Es giebt eine paulinische Erlösungslehre, eine paulinische Rechtfertigungslehre, aber es giebt — cum grano salis verstanden — keine paulinische Angelologie und Eschatologie, sondern nur eine jüdische oder urchristliche. Nur soweit diese und andere Dinge (wie die Schriftanschauung) durch die eigentümlichen Grundgedanken bestimmt sind und zu ihrer Beleuchtung dienen — beides ist ja mannigfach der Fall —, sind sie hier zu berühren. Im Übrigen ist derartiger Stoff, in dem Paulus nicht original oder seine Originalität geschichtlich bedeutungslos ist, zu dem Material der sonstigen Schriften zu schlagen. Der Gewinn bei dieser Beschränkung ist, dass die Eigentümlichkeit des Apostels klar begrenzt wird, das wirklich Durchschlagende in seinen Gedanken viel schärfer hervortritt, und das, was er mit andern teilte oder doch teilen konnte, nicht in ein falsches Licht tritt. Wir dürfen eben nicht vergessen, dass Paulus hier ja nicht für sich, sondern

---

1) Ich ergreife diese Gelegenheit, um auf meine scharfe Kritik der »Paulinischen Eschatologie« von Kabisch (Theol. Lit. Ztg. 1894 No. 5) mit einem Worte zurückzukommen. Meine Vorwürfe gegen das Buch kann ich zwar nicht zurücknehmen. Aber ich wünschte nachträglich, mehr anerkannt zu haben, dass die starke Betonung des Eschatologischen bei Paulus und seines Zusammenhangs mit dem Judentum eine Korrektur der Durchschnittsmeinung und ein Verdienst war.

als Glied in einem geschichtlichen Verlaufe in Betracht kommt[1]). Ausdrücklich möchte ich aber noch anmerken, dass auch das recht eigentlich »paulinische« Material bei der Untersuchung der allgemeinen Entwicklung überall da wieder herangezogen werden kann und muss, wo es für ihre Erkenntnis belangreich ist[2]). Wiederholungen braucht man deshalb nicht zu fürchten. Der gleiche Stoff wird von verschiedenen Seiten betrachtet und in verschiedene Beleuchtung gestellt. Auch die Darstellungen der Lehrbücher beziehen sich auf dieselben Aussagen des Apostels an mancherlei Stellen.

Bedeutsame Fragen ergeben sich hinsichtlich der geschichtlichen Zusammenhänge im Ganzen.

Paulus bezeichnet einen sehr weiten Abstand von Jesus[3]) und ist von der Predigt Jesu aus schlechthin nicht genügend zu verstehen, wie denn überhaupt niemand neutestamentliche Theologie als Entwicklung und Fortbildung der Lehre Jesu zu schreiben vermöchte. Bei Jesus bewegt sich alles um einen aus höchstem religiösen Individualismus geborenen ethischen Imperativ, bei Paulus steht im Mittelpunkte der Glaube an ein System erlösender, zugleich im Himmel und auf Erden geschehener Thatsachen (Menschwerdung, Tod, Auferstehung Christi[4])). Das Bild der menschlich-individuellen Persönlich-

1) Ich habe — ungefähr — eine Abgrenzung im Auge, wie sie Weizsäcker (Apost. Zeitalter) den Bedingungen wahrhaft geschichtlicher Darstellung entsprechend in seiner überaus feinsinnigen Skizze der paulinischen Theologie vorgenommen hat.

2) Entsprechendes gilt für Johannes.

3) Vgl. auch Holtzmann II, 4. 217. — Mit Recht hat neuerdings Wendt (Zeitschr. für Theol. und Kirche 1894) die Aufmerksamkeit auf dieses Thema gelenkt. Seiner Behandlungsweise und seinen Ergebnissen vermag ich allerdings nicht zuzustimmen.

4) Es sei erlaubt hier an die ersten Worte des posthumen Werkes von E. Hatch (Griechentum und Christentum, deutsch von E. Preuschen 1892) zu erinnern. »Der Unterschied zwischen der Bergpredigt und dem nicänischen Symbol nach Form und Inhalt muss jedem, mag er sich mit Geschichte beschäftigen oder nicht, auffallend erscheinen. Die Bergpredigt ist die Verkündigung eines neuen Sittengesetzes; sie fordert den Glauben, aber sie formuliert ihn nicht. Die theologischen Gedanken, welche ihr zu Grunde liegen, sind weniger spekulativer als ethischer Natur: metaphysische fehlen vollständig. Das nicänische Symbol dagegen ist eine Zusammenstellung historischer Thatsachen

keit Jesu ist beim Apostel wie verschwunden, und wer könnte nach den Sprüchen Jesu auch nur ahnen, dass zwanzig Jahre später die paulinische Lehre vom Sohne Gottes verkündet werden würde? Kurz, das historische Verhältnis des Paulus zu Jesus zu untersuchen, die Distanz auszumessen und nach Kräften zu erklären, ist eine durchaus unerlässliche Aufgabe. Nur in der neutestamentlichen Theologie kann die Frage entschieden werden, welcher Anteil Jesus und welcher dem Apostel, der Jesum nicht gesehen hatte [1]) und doch — was liegt in dieser Thatsache! — der erste Zeuge des Evangeliums für die heidnische Welt wurde, bei der Entstehung des Christentums zufällt.

Im Zusammenhange mit diesem Thema steht ein anderes, das ebenfalls spezielle Untersuchung verlangt: die Frage nach dem Verhältnis des Paulus zur Urgemeinde.

Nach vorwärts drängen sich sofort weitere Aufgaben auf.

So erschöpfend wie möglich muss die Nachwirkung des Paulus gekennzeichnet werden [2]). Dabei ist scharf zu unterscheiden zwischen blos literarischer Beeinflussung [3]) und wirklicher Fortwirkung der Gedanken, zwischen der allgemeinen

---

und dogmatischer Folgerungen...... Der Gegensatz liegt klar zu Tage. Und wenn man meint, ihn dadurch genügend erklärt zu haben, dass man sagt, das eine ist eine Rede, das andere ein Symbol, so ist dagegen zu betonen, dass die Frage, warum eine ethische Rede bei der Lehre Jesu und ein metaphysisches Symbol bei der christlichen Kirche des vierten Jahrhunderts im Vordergrunde stand, sehr wohl ein Problem ist, das einer näheren Untersuchung wert erscheint.« Soweit der Weg von Paulus zum Nicänum ist: fragt man, auf welche Seite er in diesem Gegensatze mehr gehöre, wer wird frischweg antworten können: auf die Seite der Bergpredigt?

1) Das ist gleichbedeutend mit einer weiten räumlich-zeitlichen Entfernung von ihm.

2) In einem Abschnitte, der einen Glanzpunkt seines Werkes bildet, (»Rückblick und Ausblick« II, 203 ff., womit I, 490 ff. zusammenzunehmen ist) hat Holtzmann sehr wertvolle Ausführungen hierüber geboten, die freilich ergänzt werden können.

3) Die Pastoralbriefe wollen paulinisch sein. Wenn aber der Paulus, den sie verehren, nicht sowohl der wirkliche Paulus, als vielmehr ihr Paulus, d. h. der vollendete Repräsentant gemeinkirchlicher Orthodoxie ist, so handelt es sich weniger um die Nachwirkung des Paulus als um ihren Schein. (S. dagegen Holtzmann II, 259.)

Wirkung auf die ganze Kirche, in gewissen Grundanschauungen (Universalismus u. s. w.) und der besondern Nachwirkung auf kleinere Kreise durch speziellere theologische Ideen — man denke an den Epheserbrief, den 1. Petrusbrief und den Hebräerbrief —, zwischen dem Einfluss, den der wirkliche, lebende Paulus und dem späteren, den der in seinen Briefen weiterlebende geübt hat; denn mit dem allgemeinen Ansehen seiner Briefe beginnt eine neue und besondere Phase seines Einflusses. Bei dem ganzen Problem ist nicht nur an die Rechtfertigungslehre und was damit zusammenhängt, zu denken; auch die Christologie und die Anschauung vom Tode Christi ist zu berücksichtigen. Notwendig muss man endlich fragen, weshalb nicht mehr von Paulus' Lehre zum Gemeingut der ältesten Kirche geworden ist, und was von seiner Theologie sich nicht fortgepflanzt hat und fortpflanzen konnte. Mit Recht hat man von der Unübertragbarkeit des phärisäisch-theologischen Elementes seiner Lehre geredet [1]).

Ferner entsteht schon aus den bisherigen Andeutungen die Frage: was wissen wir vom Judenchristentume, nachdem es durch Paulus in der Hauptsache um seinen Einfluss gebracht ist? [2]). Und die andere: was heisst es, dass Heiden mit ihren Voraussetzungen den christlichen Glauben annehmen? Wie weit werden ihre mitgebrachten Begriffe und Anschauungen bemerklich gegenüber der auf jüdischem Untergrunde gewachsenen Begriffswelt?

Wir befinden uns mit all diesen Themen bereits in dem grossen Abschnitte — es ist weitaus der schwierigste —, der den Glauben und die Theologie auf dem heidenchristlichen Boden zu schildern hat.

Mit einem einzigen kurzen Schlagworte lässt sich der Inhalt dieser Entwicklung keineswegs bezeichnen. Wollte man alles unter die Rubrik »Verflachung des Paulinismus« bringen, so würde man nichts sagen über die positiven Kräfte der Zeit,

---

1) Harnack, a. a. O. 86, Pfleiderer, Das Urchristentum 615 ff., Holtzmann II, 205. Ebenda ist von der individuellen Bedingtheit des paulinischen Evangeliums die Rede.

2) Damit soll natürlich nicht ausgeschlossen sein, dass hellenistische Juden eine bedeutende Rolle als Lehrmeister der Heidenchristen gespielt haben.

und hätte überdies zunächst nachzuweisen, dass der »Paulinismus« wirklich einmal Gemeingut war, und dass man berechtigt ist, ihn ohne Weiteres als die Norm aller Erscheinungen zu betrachten. Der Ausdruck »Weiterbildung des Paulinismus« besagt deshalb zu wenig, weil der Paulinismus thatsächlich nur in sehr eingeschränktem Sinne weitergebildet worden ist, und weil es vieles gegeben hat, wofür nicht gerade der Paulinismus die Basis ist. Und wenn man diese »Weiterbildung« mit Pfleiderer näher bestimmt durch den Zusatz: »auf dem Boden des Hellenismus«, so wird entweder der »Hellenismus«, dessen Bedeutung ja niemand verkennen kann, ein sehr blasser Begriff, oder er ist ebenfalls zu eng, um alle wichtigen Erscheinungen in sich zu begreifen bezw. zu erklären. Ist es wirklich wahr, dass aus dem »wechselseitigen Verhältnis der Durchdringung oder Sonderung, der Über- oder Unterordnung« von paulinischer Christusverkündigung und Hellenismus »die verschiedenen Entwicklungsformen der urchristlichen und altkirchlichen Lehrweise sich völlig ungezwungen begreifen lassen«?[1]) Ist eine so schön geradlinig vom Hebräerbriefe bis zum Johannesevangelium fortgehende Entwicklung der hellenistischen Lehrbildung, eine immer engere Anlehnung an die alexandrinische Religionsphilosophie wirklich erweislich?[2])

Wir werden versuchen müssen, unter Verzicht auf einseitige Schemata jedem Faktor der Entwicklung zu geben, was sein ist. Die Pflicht selbst, die Entwicklung, den Umschwung klarzustellen, der sich von Paulus an bis zum Abschlusse vollzieht, ist bereits in vollem Masse anerkannt worden. Dazu bedarf es zusammenfassender Betrachtungen; aber neben bezw. vor ihnen gilt es nun, die einzelnen Hauptgebiete der Anschauungswelt — und zwar gleichfalls mit dem Blick auf die Entwicklung, ebenso ja aber auch mit dem Blick auf die Verbindungen unter den verschiedenen Ideen — in der beschriebenen Weise zu untersuchen.

Hier wird besonders fühlbar werden, wie viel darauf ankommt, die »Überschriften« zu finden, die Themen richtig zu greifen und richtig zu gruppieren. Das heisst in der That

---

1) Pfleiderer p. V.
2) 696, 672.

sich der Erscheinungen zu bemächtigen wissen und ist die Quintessenz des geschichtlichen Verständnisses[1]).

Ein Entwurf für die Behandlung kann und soll hier keineswegs vorgelegt werden. Auch versuche ich nicht, die in Betracht kommenden Aufgaben erschöpfend aufzuzählen. Nur zur weiteren Illustration dessen, was mir vorschwebt, sollen einige Andeutungen folgen.

Sehr nahe bei den oben bereits berührten Problemen (Einfluss des Paulus u. s. w.) liegt die höchst wichtige Frage: wie beurteilt die Kirche das Judentum, das gegenwärtige und das historische, und in welches Verhältnis setzt sie sich zu ihm? Damit hängen sofort zwei weitere Themen eng zusammen. Zunächst denke ich an die Bedeutung des Alten Testaments für die heidenchristliche Kirche. Wie wird es betrachtet? wie ausgelegt? Was ist der Kirche an ihm wichtig? Was bedeutet ihr die alttestamentliche Geschichte? Was hat sie in Bezug auf Schriftverwertung und Schriftdeutung vom Judentume entnommen? Wiefern wird das Alte Testament unter der christlichen Betrachtung zu einem neuen Buche? Es ist ein reicher Stoff für die Beantwortung solcher Fragen vorhanden. Erinnern wir an den Weissagungsbeweis[2]) in seinen verschiedenen Formen, so berühren wir zugleich ein zweites Thema: was ist über die Apologetik der Kirche, zunächst gegenüber dem Judentume, die ja nicht erst mit Justin begonnen hat, festzustellen? Die Todes- und Auferstehungsweissagungen Jesu gehören m. E. hierher. Auch die Ausbildung der Judasgeschichte, wie sie uns z. B. das Johannesevangelium zeigt. Das Johannesevangelium ergiebt überhaupt besonders viel für den Kampf gegen das Judentum. Natürlich wird auch über die jüdische Polemik gegen die Kirche nachzudenken sein.

Ein grosser Gegenstand ist die Ethik. Was sind ihre bezeichnenden Züge? Wiefern hängt die Moral mit der jüdischen bezw. hellenistischen zusammen? Wie wirkt die eigen-

---

1) Harnack 13: »Die Geschichte verstehen heisst die Normen finden, nach welchen die Erscheinungen zu gruppieren sind«.

2) Sehr gutes hierüber bei Holtzmann I, 368 ff., ebenso über manche andere der eben genannten Fragen.

tümliche Lage der christlichen Gemeinde auf das überkommene Material ein? Welche Rolle spielt die Askese? Was bedeutet die Sünde? Welche Laster werden am meisten gehasst? Wiefern giebt es eine feste Tradition ethischer Regeln? Was bedeuten die moralischen Sprüche Jesu und sein Vorbild? was nicht? Was ist es mit dem s. g. Moralismus? Wie alt ist er? In welchem Verhältnis steht dazu der Enthusiasmus? Wiefern schliesst sich beides aus? Benachbart ist die Frage nach dem eigentlich Religiösen der Frömmigkeit.

Die Gnosis — womit hier freilich nicht die Systeme von Basilides oder Valentin gemeint sind — darf nicht übergangen werden, ist vielmehr sehr ernstlich zu berücksichtigen. Ich setze voraus, dass der Gnosticismus älter als das Christentum und nicht aus ihm hervorgegangen ist. Insofern bildet seine Geschichte eine Aufgabe für sich. Aber er tritt ja in Berührung mit dem Christentum und verschmilzt sich mit ihm. Es giebt selbst ein kirchliches Christentum auf gnostischem Untergrunde. Ich glaube das Johannesevangelium so verstehen zu müssen[1]). Hat das Christentum aus sich heraus eine besondere Gnosis erzeugt? Worin besteht sie? Wie verhält sie sich zu der auf anderem Boden gewachsenen? Ein weites Gebiet von Fragen und — Rätseln.

Aufgaben, wie sie die Geschichte des Wiederkunftsgedankens, die sonstige Eschatologie, die Angelologie und Dämonologie, die christlichen Mysterien Taufe und Abendmahl stellen, wurden bereits gestreift. Andere Punkte wie die Frage

1) Obwohl Holtzmann es mit Recht ablehnt, das Evangelium aus den späteren gnostischen Systemen abzuleiten (II, 385), hält er doch auch seine Gedankenwelt für gnostisch beeinflusst und gefärbt. So sehr ich ihm hier in vielem beistimme, finde ich doch nicht, dass er genug gethan hat, um das Verhältnis des Evangeliums zum Gnostizismus — und darauf käme es doch sehr an — religionsgeschichtlich verständlich zu machen. Es sieht aus, als ob der Evangelist willentlich seiner Anschauung einen Hintergrund spekulativer Ideen aus Gnostischem geschaffen habe; oder es heisst, die falsche Gnosis solle in seinen Schriften auf ihren Wahrheitsgehalt zurückgeführt werden. (II, 381, 386.) Wie soll man sich das vorstellen? Auch erfährt man nicht, wie Terminologie und Grundanschauungen gnostische Herkunft zeigen können, und doch der Verf. (im 1. Briefe) der Gnosis entgegentreten kann.

nach den Normen und Autoritäten der Christenheit, die Spekulationen über die Kirche und namentlich die Geschichte der Christologie mögen nur genannt sein.

Nur noch eins sei etwas deutlicher hervorgehoben. Zu den wichtigsten Thatsachen der biblischen Theologie gehört es, dass in dieser (teilweise freilich wohl schon in der früheren) Periode das ursprüngliche Lebensbild Jesu mehr und mehr dogmatisiert wird. Diese Entwicklung lässt sich an der Hand der Evangelien nachweisen. Was also bei der Predigt Jesu durch das kritische Verfahren ausgeschieden wurde, das wird jetzt — mit anderem — konstruktiv verwertet, um die Entstehung des evangelischen Jesusbildes zu schildern. Wie ist es gekommen, dass Jesus anfänglich als »sein eigener Vorläufer«[1]) gedacht wird, d. h. dass er der Messias genannt wird als der, der es werden soll — Paulus und die Synoptiker reden nirgends von einem Wiederkommen, sondern nur von einem Kommen des Messias — dass er hernach der gekommene Messias ist, der wiederkommen wird? Wie sind die verschiedenen »Heilsthatsachen« — es sind nicht blos Himmel- und Höllenfahrt und übernatürliche Geburt —, die zum Tode und zur Auferstehung Christi hinzutreten, entstanden? Beide Fragen führen genau genommen über das Jesusbild der Evangelien hinaus, beziehen sich doch aber zum guten Teile auch darauf.

Der johanneischen Theologie wird in diesem Abschnitte, ich denke am Schlusse, ein eigenes Kapitel zugewiesen.

Wir vermögen das Johannesevangelium wohl nicht mit Sicherheit in den Gang der Entwicklung einzuordnen, es wird immer etwas inselhaft dastehen, aber wenn wir das Ergebnis der ganzen Entwicklung ziehen, doch auch nicht völlig isoliert.

Auch hier ist alles das von vornherein auszuscheiden, was allgemeineren Themen zugehört. So seine Stellung zum Judentum und zum Alten Testamente, seine antijüdische Polemik u. s. w., soweit solche Dinge nicht für die eigentlichen Gegenstände der Darstellung — es sind vor allem die Christologie,

---

1) Nach Holtzmanns zutreffendem Ausdrucke I, 363.

die grundlegende Weltanschauung, die Zukunftsperspektive mit der Lehre vom Parakleten — von Interesse sind[1]).

Für die Behandlung des Evangeliums gerade in der biblischen Theologie scheint es mir nötig etwas zu beachten, was man allgemein übersieht. Wenn es sich wirklich um eine Lehrschrift in Evangelienform handelt, so ist offenbar die eigene Glaubensanschauung des Verfassers auf das Lebensbild Christi projiziert. Damit ist gesagt, dass uns diese Glaubensanschauung nicht unmittelbar vorliegt, sondern in einer Einhüllung. Hätte der Verfasser sie in sozusagen dogmatischer Form vorgelegt, so würde sie sicher nicht primär als Anschauung vom Leben Jesu vor uns stehen, nicht um dieses als Mittelpunkt sich bewegen, vielmehr den Sohn Gottes in seiner dem Glauben immer gegenwärtigen Bedeutung zeigen[2]). Folglich ist zu unterscheiden zwischen dem Inhalte des johanneischen Christusbildes, des Lebensbildes und der christologischen Anschauung selbst, die es geschaffen hat. Wenn man einfach dies Bild analysiert und das für johanneische Theologie ausgiebt, so kommt man zu falschen Ergebnissen und Fragen.

Einmal nämlich mussten notwendig bei einer Erzählung vom Leben Jesu Dinge in den Vordergrund treten, die für die »Theologie« des Johannes nur eine untergeordnete oder eine andere Bedeutung haben als die scheinbare. Z. B. sind die ἔργα Jesu, die so stark betont werden, für den Evangelisten Beweismittel, umdie Würde Jesu gegenüber seinen Gegnern zu erhärten. Sie sind also wohl apologetisch wichtig[3]), aber mit der eigentlichen Lehre vom Sohne Gottes haben sie nichts zu schaffen. Hierfür sind sie nur insofern wichtig, als sie wenigstens teilweise (wie die Auferweckung des Lazarus) zugleich Aussagen über Christus, Bilder seines Wesens sind. Wichtig aber ist dann eben nicht das ἔργον und σημεῖον, sondern was es sagt. Es ist schon hiermit gegeben, dass All-

1) Die Aufgabe das Ganze mehr zu erschöpfen bleibt — wie bei Paulus — Monographien überlassen.

2) Man erwäge, welchen Eindruck uns die Theologie des Ignatius machen würde, wenn wir von ihm nicht Briefe, sondern ein Evangelium hätten.

3) Natürlich haben sich auf diese ἔργα Juden und Heiden gegenüber auch Schriftsteller berufen, die kein Wort von ihnen sagen.

macht und Allwissenheit Jesu, die ja freilich auf seine göttliche Würde hinweisen, nur deshalb im Evangelium so hervortreten, weil es sich um das Leben Jesu handelt. Ähnlich ist es, wenn so geflissentlich die Freiheit und Autonomie Jesu [1]) in seinen Entschlüssen hervorgehoben wird: auch das ein apologetisches Moment.

Es kommt aber noch ein andres hinzu. Der Evangelist hat freilich das Lebensbild Jesu ganz zum Spiegel seiner Ideen gemacht. Aber er hat es doch in der Hauptsache nicht erfunden, er musste notwendig das Geschichtsbild für seinen Zweck benutzen, das eben da war [2]). Das besagt aber: er war durch die Tradition vielfach gebunden und beschränkt. Das überlieferte Geschichtsbild konnte immer nur bis zu einem gewissen Grade seinen Ideen dienstbar werden. Es blieb stets ein Rest, der ihnen nicht zugänglich war, ihnen auch direkt widerstrebte. Wir hören von menschlichen Lebensäusserungen und menschlichen Gemütsbewegungen Jesu, oder davon, dass Jesus sich seinen Feinden auf wunderbare, bei materieller Leiblichkeit nicht denkbare Weise entzog. Hienach könnte man meinen und hat gemeint, dass der Autor über das Verhältnis des Menschlichen und Göttlichen in Christus entsprechend reflectierte oder — im andern Falle — die Leiblichkeit Jesu doketisch dachte. Aber mit dem Doketismus hat dies nichts zu thun, wie zum Überflusse der erste Brief beweist, und die menschlichen Züge [3]) gehen den »Christus des Glaubens« sozusagen gar nichts an. Der Theologe, der Dogmatiker hatte es nur mit dem allgemeinen Gedanken zu thun, dass der Logos

1) Er beschafft den Wein auf der Hochzeit, nicht weil seine Mutter ihn bittet, er thut es von selbst; er ignorirt die Aufforderung seiner Brüder nach Jerusalem zu gehen (c. 7), aber aus freien Stücken macht er sich dann auf; er lässt sein Leben aus freiem Willen 10, 18, und dergleichen noch manches.

2) Sicher hat der Evangelist aus den Evangelien, die er kannte, bereits sein eigenes Christusbild herausgelesen, mithin auch nicht so wie wir empfunden, in welchem Masse er (resp. seinesgleichen) das traditionelle Christusbild umgefärbt hat. Ebenso sicher ist, dass ihm die vorhandenen Evangelien nicht genügt haben und nicht deutlich genug waren.

3) Auch den Motiven des Hebräerbriefs, der ja mancherlei von der Menschlichkeit Jesu sagt, stehen sie fern. Gegen Holtzmann II, 414.

σάρξ wurde. Sobald der Logos oder der Sohn Gottes wirklich in der Geschichte gesehen und gezeigt wurde, mussten dabei notwendig — so war es gewiss nicht blos beim Evangelisten — nach unserm logischen Denken allerlei Schwierigkeiten oder Fragen entstehen, die für des Verfassers dogmatische Gedanken gar nicht existierten.

Diese Gesichtspunkte wird man auch bei all den Aussagen nicht übersehen dürfen, welche die Stellung des Evangelisten oder seines Christus zum Judentum betreffen. Niemand konnte ein Leben Jesu schreiben und Jesus ganz von dem nationalen Boden loslösen, auf dem er nach der Tradition gestanden hatte. Andrerseits deckt sich für den Verfasser das Judentum, mit dem Jesus zu thun hatte, mit demjenigen, das die Kirche seiner Zeit zu bekämpfen hat. Was sich hieraus erklärt, spielt für die eigentliche Theologie des Evangeliums keine Rolle oder liegt wenigstens ganz an der Peripherie.

Also: um die »johanneische Theologie« zu erkennen, müssen wir zuvörderst die Projektion der Ideen auf das Geschichtsbild gewissermassen wieder rückgängig machen [1].

Soll den Gedanken und der religiösen Art des Ignatius eine besondere Charakteristik zu Teil werden, so wird sie sich am besten — ich spreche darüber mit Reserve — dort einfügen, wo die Signatur seiner Zeit zusammenfassend geschildert wird, ev. im Anschluss an die johanneische Theologie.

Wir müssen nun aber noch einmal zum Ausgangspunkte zurückkehren, um einer wichtigen Aufgabe zu gedenken, die bisher noch nicht erwähnt wurde.

Die Predigt Jesu wird nicht verständlich, ohne dass man sie im Zusammenhange mit dem zeitgenössischen Judentume wie im Gegensatze zu ihm auffasst. Die Theologie des Paulus

---

1) Habe ich mit diesen Andeutungen Recht, so ist an den betreffenden Ausführungen Holtzmanns, so richtig sie grossenteils den Thatbestand im Evangelium darlegen, mancherlei zu beanstanden und zu modifizieren. — Der Punkt ist auch zu beachten, wenn man das Verhältnis des 1. Johannesbriefs zum Evangelium richtig würdigen will. Vgl. z. B. Holtzmanns Satz: »Auf jeden Fall ist im Evangelium das Heil direkter an ein persönliches Verhältniss zu Jesus geknüpft als im Briefe« und überhaupt die Ausführung II, 442 Anm. 3.

ist völlig unverständlich ohne die Kenntnis der spätjüdischen Theologie. Aber auch abgesehen von Jesus und Paulus — woher stammt denn die Hauptmasse des urchristlichen Begriffsmaterials, wenn nicht aus dem Judentume? »Christliche« Begriffe giebt es im Anfange sehr wenige, wenn auch die wenigen äusserst viel bedeuten. Sie entstehen naturgemäss erst allmälig aus der Bedeutung, die spezifisch christliche Dinge wie die Person Jesu und die Thatsachen seines Lebens oder die Kirche gewinnen, bezw. indem jüdische Begriffe durch die Beziehung hierauf entscheidend umgebogen werden. Ebenso erwächst »das« Christliche als wirksames, einen greifbaren, für sich geltenden Faktor der Gesamtentwicklung darstellendes Prinzip — abgesehen vom Glauben an Jesus als den Messias — erst nach und nach [1]). Vor allem ist zu bedenken, dass die grossen Voraussetzungen aller urchristlichen Gedankenbildung — der religiöse Individualismus mit dem Zusammenhange zwischen Leistung und Lohn, der Auferstehungs- und Gerichtsgedanke mit der Scheidung von Diesseits und Jenseits, die Welt der eschatologisch-apokalyptischen Vorstellungen überhaupt, der Messiasbegriff, die bestimmte Schätzung und Deutung des Alten Testaments und anderes — der Ertrag der dem Christentume unmittelbar vorausgehenden Entwicklung auf jüdischem Boden sind. Das Judentum, nicht unmittelbar das Alte Testament ist also die religionsgeschichtliche Basis des Christentums [2]).

Daraus folgt nicht blos, dass fort und fort auf die Zusammenhänge mit dem Judentum geachtet werden muss, son-

---

1) Irre ich, wenn ich den Eindruck habe, dass man dies nicht selten verdeckt durch die Art, wie man »das Evangelium« — man meint dabei eigentlich nicht, was im Neuen Testamente Evangelium ist, die Botschaft vom nahen Gottesreiche oder vom künftigen Heile, sondern die Quintessenz der sittlich-religiösen Predigt Jesu, in erster Linie gerade das »Gesetz« — als umschriebenen Factor der Entwicklung behandelt?

2) Beyschlag kann I, 24 schreiben: (Die urchristliche) »Lehrentfaltung knüpft an die eigentümlichen Lehren der judaistischen Periode so gut wie gar nicht an u. s. w.« Man vergleiche die ganze doch wirklich höchst oberflächliche Ausführung. Wie viel richtiger II, 81 Anm. 1!

dern auch, dass eine Darstellung der Hauptzüge spätjüdischer Religion und Theologie, in erster Linie der palästinensischen, in zweiter auch der alexandrinischen, die neutestamentliche Theologie eröffnen muss. Sie ist das notwendige Postament, auf dem die Darstellung der urchristlichen Religion und Theologie stehen, von dem sie sich abheben muss. Es ist ein hochzuschätzendes Verdienst, dass Holtzmann nicht blos von der Wichtigkeit des Judentums für das Verständnis des Urchristentums geredet, sondern dem eigentlichen Gegenstande seines Werkes eine eingehendere Schilderung des Judentums zur Zeit Jesu wirklich voraufgeschickt hat. Es ist zu hoffen, dass fortab keine wirklich wissenschaftliche Darstellung erscheinen wird, von der nicht in irgend welchem Masse ohne Weiteres dasselbe verlangt wird.

Deissmann hat die Forderung ausgesprochen, neben dem Judentume auch die religiös-sittlichen Verhältnisse des hellenisch-römischen Heidentums in der biblischen Theologie zu berücksichtigen [1]). Es müsse überhaupt »die geistige Situation des Jahrhunderts der Religionswende« gezeichnet werden, damit das Christentum so im Kontakte mit seinem Zeitalter erscheine, aber auch sich von seiner Umgebung abhebe, damit man zugleich verstehe, wie es der damaligen Menschheit erscheinen musste [2]).

---

1) 128 ff. Vgl. dazu auch den Abschnitt »über die religiösen Dispositionen der Griechen und Römer in den beiden ersten Jahrhunderten und die damalige griechisch-römische Religionsphilosophie« bei Harnack 111 ff.

2) Neben dieser ersten Aufgabe weist Deissmann der biblischen Theologie die beiden andern zu: einmal die eigentümlichen Einzelgestaltungen des urchristlichen Bewusstseins, sodann seinen Gesamtcharakter festzustellen, d. h. in einer Art von systematischer Zusammenfassung einen Querdurchschnitt zu machen und (nach den einfachsten Kategorien Gott, Mensch, Sünde, Christus u. s. w.) in der Mannigfaltigkeit der klassischen Zeugnisse des Urchristentums eine Einheit nachzuweisen. Diese letzte Aufgabe erkenne ich nicht an, ein solcher Querdurchschnitt würde nur eine Abstraktion aus der wirklichen Geschichte sein und darum die geschichtliche Auffassung nicht klarer machen, für andere Gebiete der Religionsgeschichte pflegen wir doch auch keine analoge Forderung zu stellen. Natürlich ist damit nicht geleugnet, dass es an bestimmten Punkten wichtig ist,

Dieser Gedanke verdient alle Beachtung und bezeichnet ein notwendiges Ziel. Ich habe gelegentlich bereits ausdrücklich oder implicite anerkannt, dass die Frage, was das Christentum dem Heiden brachte, wenn er Christ wurde, was ihm leicht verständlich war und was nicht, und wiederum, was er — an den Punkten, wo heidnische Anschauungen den christlichen parallel laufen — dem Christentume brachte, die biblische Theologie sehr ernstlich angeht. Nur möchte ich Deissmanns Forderung in etwas andrer Form Rechnung getragen wissen. Es liegt beim Heidentume doch anders als beim Judentume, wo es sich um den Mutterboden des Christentums handelt; und eine einigermassen eingehende Schilderung der heidnischen Gedankenwelt am Anfange der Darstellung müsste den Rahmen des Ganzen sprengen. Dagegen müssen in ihrem Verlaufe, wenn von dem Eintritt des Christentums in die grosse Welt die Rede ist, die Thatsachen aus dem religiösen Leben und der Gedankenwelt des Heidentums, die in den fraglichen Beziehungen wichtig sind, allerdings vorgeführt und besprochen werden. Dabei würde es aber nicht auf die eigentlichen Philosophen, sondern auf das Volk und das Durchschnittsbewusstsein ankommen [1]).

Es ist schliesslich noch ein Wort über den Namen der Disziplin zu sagen.

Der Name »biblische Theologie« bedeutet ursprünglich nicht eine Theologie, welche die Bibel hat, sondern die Theologie, welche biblischen Charakter hat, aus der Bibel geschöpft ist. Das kann uns gleichgiltig sein.

Jedenfalls ist der Name neutestamentliche Theologie in beiden Hälften falsch. Es handelt sich im Neuen Testamente nicht blos um Theologie, sondern in Wahrheit noch mehr um Religion; und weshalb das »neutestamentlich« nicht zutrifft, braucht nicht wiederholt zu werden. Von »urchristlicher

---

das Mass des Gemeinsamen ausdrücklich zu bestimmen, obwohl es nicht überall wichtig ist. Weshalb es andrerseits nicht genügt, »die eigentümlichen Einzelgestaltungen des urchristlichen Bewusstseins« vorzuführen, ist genügend gesagt worden.

1) Deissmann 132.

Dogmengeschichte« wird man nicht reden wollen, da ein eigentliches Dogma erst am Schlusse dieser Periode in Sicht tritt. Der für die Sache passende Name heisst: urchristliche Religionsgeschichte, bezw. Geschichte der urchristlichen Religion und Theologie [1]). Sagt man dagegen, das sei dann eben keine neutestamentliche Theologie, so ist das sonderbar. Der Name richtet sich selbstverständlich nach der Sache, nicht umgekehrt.

Aufgaben stellen ist gewiss leichter als sie lösen. Welcher Arbeit und welcher Änderung in der Arbeitstradition es noch bedürfen wird, um dem Programme wirklich genugzuthun, das ich zu begründen suchte, kann niemand lebhafter empfinden als ich. Aber man hat doch auch ohne die Aufgabe selbst gelöst zu haben ein Recht, ihre Formulierung zu versuchen.

Das lässt sich nun einmal nicht leugnen: unsere heutige biblische Theologie ist viel weniger als die Geschichte des apostolischen und nachapostolischen Zeitalters, der sie doch zur Seite geht wie die Dogmengeschichte der Kirchengeschichte, — sie ist überhaupt im wahren, strengen Sinne noch keine historische Disziplin. Möchte sie es werden!

---

1) Man wird auch für die Vorlesungen den Namen ändern müssen, Krüger 34.

Printed by Books on Demand GmbH, Norderstedt / Germany